知的生産術

立命館アジア太平洋大学（APU）学長
出口治明
Haruaki Deguchi

日本実業出版社

はじめに

イノベーションは、「サボりたい」という気持ちから生まれる

僕はもともと、イージーゴーイングな人間です（easy going：あくせくしないこと）。横着で、面倒なことは大嫌い。仕事をするよりも、ご飯を食べに行ったり、本を読んだりするほうがはるかに楽しいので、「仕事はミニマム（最小限度）で」と考えるタイプです。

一方で、新入社員のころから「給与泥棒にはなったらあかん」と思っていましたから、「ラクして、給与以上の成果を上げるにはどうしたらいいか」をいつも考えていました。

かつて、椎名悦三郎《しいなえつさぶろう》という政治家がいました。1972年に自由民主党副総裁となり、田中角栄《たなかかくえい》退陣後の次期総裁に三木武夫《みきたけお》を指名する「椎名裁定」を下した人物です。

椎名悦三郎の座右の銘は、「省事《しょうじ》」（事を省く）という言葉でした。

「物事を処理するには、些細で煩雑なことは切り捨てて、本質的なものを簡単明快につかむのがよい。本質でない小さなものに心を奪われると目がくらんで大切なものを逃してしまう」という趣旨です（参照：日本経済新聞「政客列伝 椎名悦三郎」）。

椎名悦三郎は、自分のことを「怠け者」「無精者」と称していたそうですが、僕も自らを怠け者だと自認していたので、この言葉を知ったとき（大学時代だと思います）、

「余計なことを言ったりやったりすれば面倒になるばかりだから、余分なことはしなくていいんだ！　手抜きをしてもいいんだ！」

と、とても感動したのをよく覚えています。

僕の成長の原動力は、幼少期からさほど変わっていません。「もっと遊びたい」「もっとラクをしたい」「もっと手を抜きたい」という不真面目な気持ちがエンジンになっています。

僕は、三重県美杉村《みすぎむら》（現・津市美杉町）の小さな集落（元・下多気村《しもたげむら》）に生まれ、伊賀《いが》で育ちました。

下多気村も伊賀も、「兎《うさぎ》追いしかの山　小鮒《こぶな》釣りしかの川」で知られる唱歌『故郷《ふるさと》』そのものの田舎で、子どものころは、山でカブト虫を捕まえたり、松茸を採ったり、池で鮒釣

りをしたりするのが大好きでした。

僕は遊んだり、本を読んだりするのが好きでしたから、「遊ぶ時間を確保するには、勉強時間を短くするしかない」と考えて、

「先生の授業がつまらなくても、集中して聞いておいたほうが得だ。そうすれば、家で復習する時間が省ける」

「ノートを取るのは面倒だから、ノートは取らない。大事な要点を『教科書』に書き込んでおけば、テストの前に1冊読めば済む」

「テストの数日前から勉強をすると忘れてしまうので、時間の無駄になる。テスト勉強を『一夜漬け』にすれば、忘れないし、遊ぶ時間も十分取れる」

と、自分なりに勉強のしかたを工夫するようになったのです。


イノベーションは、そもそも「サボりたい」という気持ちから生まれます。

たとえば、カナン人（古代の地中海に繁栄をもたらした民族の1つ）がアルファベットを発明したのも、「サボりたい」「ラクをしたい」という気持ちがあったからです。

紀元前19世紀ごろ、カナン人はパレスティナからシナイ半島にかけて暮らしていました。

この地域は、メソポタミアとエジプトの中間に位置します。

メソポタミアには楔形《くさびがた》文字、エジプトにはヒエログリフという文字があります。両者と交易をしなければ生きていけないカナン人にとって、どちらの文字も難しいし、両方を覚えるのは大変でした。

そこで、もっとラクに読み書きできる略字はないかと考え、アルファベットのもととなった「原カナン文字」を考案したのです。

遊ぶ時間をつくるために……、ご飯を食べに行くために……、デートをするために……、面倒なことをラクに終わらせるために……**いかに効率よく仕事をして成果を出すか。その方法を自分の頭で考え出すことが、「知的生産性を高める」こと**だと僕は思っています。

「知的生産性」を高めれば、自分も働き方も変わる

「生産性を上げる」とは、「時間当たりの産出量を増やす」ことです。言い換えると、**「人が成長すること」**と同義だと思います。

新入社員のときは5時間かかっていた仕事が、3時間でやれるようになったら、上司や先輩から、「成長したな」と褒められるのではないでしょうか。

1時間に1本しか木を削れなかった大工さんが、1時間で6本削れる（10分で1本削れる）ようになったとしたら、棟梁《とうりょう》から「早くなったな」「成長したな」と褒められるのではないでしょうか。

生産性を上げるとは、

- **「同じ仕事をより短い時間でこなすこと」**
- **「同じ時間でたくさんの量をこなすこと」**
- **「同じ時間で仕事の質を高めること」**

であり、それはすなわち、人が「成長すること」を意味しています。

そして、知的とは、自分が成長するために社会常識や他人の意見を鵜呑みにせず、原点にさかのぼって**「自分の頭で考えること」**です。

- **「知的」＝「自分の頭で考える」**

したがって、知的生産とは、

- **「自分の頭で考えて、成長すること」**

だと僕は定義しています。

たとえば、午後4時に怖い顔をした上司が目の前にあらわれ、「これを今日中に終わらせてほしい」と言って、新しい仕事を押し付けてきたとします。

その仕事を終わらせるには、5時間はかかりそうです。ですが、午後7時から飲み会の予定が入っているとしたら、どうしますか？

知的生産という概念がない人、つまり「考えない人」は、頭の中で「4＋5＝9」という計算を行います。

「今は午後4時で、この仕事を終えるには5時間かかるから、会社を出るのは午後9時になる」と判断し、飲み会を断わって残業します。残業したほうが上司にも評価されると考えるからです。

けれど、飲み会が好きな僕なら、こう考えます。

「仕事と飲み会のどちらが大切かといえば、もちろん飲み会だ。飲み会に参加するには、5時間かかる仕事を3時間以内で終わらせなければいけない。今までと同じやり方だと3時間では終わらないので、違ったやり方を考えてみよう。これまでは『A→B→C』の順番で仕事をしていたけれど、いっそのこと『B』を省いて、『A→C』と直列につなげばもっと早く仕事が終わるかもしれない。よし、やってみよう！」

「4＋5＝9」という常識的な発想では、イノベーションは生まれません。

自分の想像や自分の力量を超える仕事を任されたとき、**今までと同じやり方、今までと同じ考え方では、今までと同じ結果しか得ることはできません。**つまり、飲みに行くことができないかもしれない。サボりたい人、ラクをしたい人は、「飲み会がはじまる午後7時までに終わらせるにはどうしたらいいいか」を必死に考え、工夫をする。だから仕事にイノベーションが起きて、知的生産性が高い働き方になるのです。

大学における「生産性」とは何か

僕は現在、立命館アジア太平洋大学（以下、ＡＰＵ）の学長を務めていますが、大学も民間企業と同様に、「生産性の向上」が急務です。

大学における「生産性」とは、「いい学生を育てる」ことです。

先般、松本紘《まつもとひろし》・理化学研究所理事長（京都大学前総長）と対談をさせていただいたとき、松本前総長が、次のようなことをおっしゃっていました。

「京都大学の学生は、卒業するときよりも、入学したときのほうが英語の成績がいい。４年の間に学力が落ちてしまったら、何のために大学へ入ったのかわからない」

大学を運営・経営していくには、学内の効率化や経営力の強化にも目を向けなければなりませんが、それ以上に、４年間というかぎられた時間の中で、学生を大きく成長させることが求められています。

ＡＰＵの牧田正裕教授（国際経営学部教授・社会連携部長）は、大学における生産性について、「ラーナーセンタード（学習者中心）に基づいた教育によって、学習者が成長していくことが大事である」と指摘しています。

「多くの大学生は、『学生時代は楽しい』と言いますが、ＡＰＵの学生は、『ＡＰＵは楽しい』と言います。

彼らは、場所としてのＡＰＵを楽しんでいます。だとするならば、教職員が考えるべきことは、『ＡＰＵという場所での経験を充実したものにする』ことです。どうすれば学生にワクワク感を与えることができるのか。そこが私たちの腕の見せどころだと思います。

ＡＰＵは、学生にとって『やりたいことを経験して、やりたい夢をかなえていく場所』です。多様なバックグラウンドを持った学生たちにとって、自分のやりたいことを成し遂げられるきっかけが詰まっている、そういう場所なんだろうなと思いますね。

大学は、前払いの世界ですから、『労働生産性＝就業1時間当たりの付加価値』という形で数字にあらわすことはできません。大学における付加価値とは何かといえば、『ＡＰＵは楽しい』と言える経験を増やすことだと思います」（牧田正裕）

貧しくなるのが嫌なら、知的生産性を高めるしかない

日本は、「世界一進んでいる高齢化で、何もしなくてもお金が出ていく」という状況に置かれています。

1950年には、総人口の5%に満たなかった高齢化率（65歳以上人口が総人口に占める割合）は、28・1%（2018年9月時点）に達しています（参照：総務省統計局資料）。国立社会保障・人口問題研究所が行った全国人口推計（日本の将来推計人口〈平成29年推計〉）によると、2065年の高齢化率は、38・4%まで上昇すると予想されています。

1年経てば日本は1歳年を取るので、介護、医療、年金などにかかる費用は、予算ベースで考えても、新たに年間5000億円以上増えていきます。社会保険料を加味したら、ゆうに1兆円を超えるでしょう。高齢化率が上昇すれば、支出額はさらに増大します。

新たに出ていく分を取り戻さなければ、日本は貧しくなるだけです。

- **「何も改革を行わず、みんなが貧しくなるか」（黙って出費を受け入れるか）**
- **「知的生産性を高めて、経済成長するか」（出費分を補う工夫をするか）**

の2択を迫られているのが、今の日本です。

貧しくなりたくなければ、GDP（国内総生産／一定期間に国内で生産された財貨・サービスの価値額の合計）を上げて新たに増加する支出分を取り戻すしか方法はありません。

GDPとは、「人口×生産性」のことです。GDPを上げるには、人口を増やすか、あるいは生産性を上げる必要があります。人口はそう簡単には増やせませんから、一人ひとりが自分の頭で考えて知的生産性を高めるしか選択の余地は残されていません。

では、**どうすれば知的生産性を高めることができる**のでしょうか？

どうすれば、「自分の頭で考えて、成長すること」ができるのでしょうか？

その答えのひとつが、本書の「知的生産術」です。

長時間労働から解放され、短時間で成果を出すためのヒントとして、そして何より、楽しく仕事をするためのヒントとして本書を読んでいただければ幸いです。

読者の皆さんの忌憚のないご意見をお待ちしています。

（宛先）hal.deguchi.d@gmail.com

２０１９年２月

立命館アジア太平洋大学（ＡＰＵ）学長　出口治明《でぐちはるあき》

知的生産術　目次

第1章 日本の生産性が低い理由

第2章
新しいアイデアを生み出す「考える技術」

第3章

最小の労力で最大の成果を上げる「インプットとアウトプットの技術」

第4章

チームの力を引き出す「マネジメントの技術」

第5章

明るく楽しい職場をつくる「コミュニケーションの技術」

カバーデザイン／重原 隆
本文デザイン・DTP／斎藤 充（クロロス）
編集協力／藤吉 豊（株式会社文道／クロロス）

第1章

日本の生産性が低い理由

なぜ、働いても働いても、日本は豊かにならないのか？

今の日本の状態は、「骨折り損のくたびれ儲け」

日本の時間当たり労働生産性は、ＯＥＣＤ（経済協力開発機構）加盟の36ヵ国のうち、20位。就業者ひとり当たりの労働生産性は21位で、ＯＥＣＤ平均を下回っています（参照：公益財団法人日本生産性本部『労働生産性の国際比較２０１８年』）。

また、Ｇ７《ジーセブン》（Group of Seven／日本、米国、英国、フランス、ドイツ、イタリア、カナダの主要先進7ヵ国）の中で、データが取得可能な１９７０年以降、日本は労働生産性で最下位の状況が続いています。

２０１８年11月にＯＥＣＤ事務局より公表された「ＯＥＣＤエコノミック・アウトルッ

ク104」によると、2018年、2019年の主要国・地域の実質GDP成長率は、次のように特定されています。

【2018年】

- **日本……………0・9%**
- **アメリカ………2・9%**
- **ユーロ圏………1・9%**
- **中国……………6・6%**
- **OECD………2・4%**
- **世界平均………3・7%**

【2019年】

- **日本……………1・0%**
- **アメリカ………2・7%**
- **ユーロ圏………1・8%**
- **中国……………6・3%**
- **OECD………2・1%**
- **世界平均………3・5%**

日本は、世界で一番高齢化が進んでいるので、本来なら、高齢化に伴う出費を取り戻すために一番成長しなければいけないはずです。

それなのに、日本の実質GDP成長率は、アメリカ、ユーロ圏、日本という3つの先進地域の中では最低で、世界平均を大きく下回っています。

さらに、日本の正規雇用の社員の労働時間は、1990年代のはじめからほぼ、「年間2000時間超」で、ほとんど減少していません。（厚生労働省のデータを見ると、1700時間台に減っていますが、これは非正規雇用の社員を入れているからであって、正規雇用の社員はほぼずっと2000時間超です）。夏休みは、1週間取れるかどうか……。

一方、人口動向や資源、化石燃料などがないということでわが国と条件が似通った、ユーロ圏の労働時間は、約1300時間〜1500時間で、夏休みは1ヵ月あります。それなのに、ユーロ圏のほうが成長率は高いのです。どちらが理にかなった働き方をしているかは、一目瞭然です。

- **日本………2000時間以上働いて、実質GDP成長率は0・9%**
- **ユーロ圏……約1300時間〜1500時間働いて、実質GDP成長率は1・9%**

バブル崩壊後、この四半世紀の労働時間と実質GDP成長率をながめると、**日本はユーロ圏よりも長時間働いているのに、成長率が低い**ことがわかります。

現在の日本は、「骨折り損のくたびれ儲け」の状態です。この状態が続けば、社会が疲弊するだけです。

「骨折り損のくたびれ儲け」の状態を脱するには、社会の構造を根本から改革する必要があります。少子高齢化が進み、かつ成熟経済の先進国であるドイツやフランスのように、**短い労働時間で生産性を上げ、相対的に高い成長を目指すことが求められている**のです。

日本の高度成長を支えた「3条件」

日本が戦後独立を果たしてからバブルが崩壊するまでの39年間、日本の経済成長率は、平均7％程度の高水準で推移していました。

高い成長が可能だったのは、

「①冷戦」
「②キャッチアップモデル」
「③人口の増加」

という、3つの外的条件が整っていたからです。

条件① 冷戦

日本は、産業革命あるいは近代の高度産業社会の3要素といわれる「化石燃料」「鉄鉱石」「ゴム」という資源のいずれをも産出しません。主要資源がないにもかかわらず、製造業を中心に成長し、1968年にはアメリカに次ぐGDP世界第2位の経済大国に上り詰めることができました。アメリカの圧倒的な軍事力を背景として自由な交易が保証されていたことに加えて、繊維、鉄鋼、自動車、半導体と、アメリカというお父さんのスネをかじり尽くしてきた結果です。

普通であれば、スネをかじり尽くされたお父さんは、子どもを許しません。ですが、アメリカは、日本というスネかじり息子を勘当しませんでした。

アメリカが日本のスネかじりを容認した背景として、冷戦構造があげられます。世界地図を拡げて、ロシアや中国を下方に置いてみると、彼ら（ロシア・中国）が太平洋に出ようとしたとき、日本列島がいかに邪魔になるかがひと目でわかります。

日本は、不沈空母として地政学上絶好の位置にあった。だからアメリカは、日本を庇護《ひご》した。日本を共産圏に対する防壁不沈空母とする代わりに、日本のスネかじりを許容したのです。

条件② キャッチアップモデル（製造業の工場モデル）

キャッチアップモデルとは、後発国が先進国に追いつこう（キャッチアップ）とするモデルのことです。

第二次世界大戦の敗戦で東京は焼け野原となりました。当時の吉田茂《よしだしげる》首相は、日本の復興を考えた際、アメリカに目をつけました。

当時のアメリカでは、GE（ゼネラル・エレクトリック）やGM（ゼネラルモーターズ）などの大企業が国の経済をけん引していました。

それを見た吉田茂は、わかりやすく述べると「電力、鉄鋼の復興からはじめて、最終的に電気・電子産業や自動車産業を興《おこ》せば、日本は復興を果たすことができる。地方から都市に労働者を呼び込み、トヨタ自動車や松下電器（現パナソニック）に勤めさせれば、この国は復興できる」と考えたのです。

アメリカの産業構造を真似しよう。そしてアメリカに追いつき、追い越せ……。

こうして、生産性の低い農業から生産性の高い製造業へと、全国的な労働の流動化がはじまったのです。その象徴が集団就職でした。

日本の戦後の成長モデルは、工場（製造業）中心に考えられたものです。工場モデルは、長時間労働によって利益を伸ばすビジネスモデルなので、365日24時間フル稼働が究極の理想です。

ベルトコンベアが動けば動くだけ製品ができますから、3交代制を導入するなどして、工場の連続操業を徹底的に追求しました。

工場モデルで求められるのは、体力があって、朝から晩まで黙々と働ける人材なので、筋力に勝る男性のほうが圧倒的に有利です。

それならば性分業を行い、女性は家庭に入って家事や育児に専念し、男性の「メシ・風呂・寝る」をサポートしたほうが、社会全体としては効率的です。

そこで政府は、配偶者控除や第3号被保険者といった制度を設けて、専業主婦として扶養される女性にインセンティブを与え、「男性は外で長時間労働、女性は専業主婦」というシステムを構築しました。加えて、寿退社や3歳児神話という虚構をでっちあげ、社会をあげて性分業を推奨したのです。

こうして男性が、朝早く出社し、夜遅く帰って「メシ・風呂・寝る」の生活を送る働き方がロールモデルとして定着したのです。

労働者が、長時間労働や「メシ・風呂・寝る」の生活を容認したのは、成長率が高かったからです。

金融の世界には、「72の法則」と呼ばれる近似式があります。この算式を用いると、元本を2倍にするために必要な金利と、その投資期間を概算で求めることができます。成長率7％の場合、72÷7％≒約10年。つまり、工場モデルの時代は、10年で所得が2倍になった計算です。

「年収500万円が、10年後には年収1000万円になる」としたら、年間2000時間働くことを誰もが厭《いと》わない。「10年で2倍の所得」が、黙々と長時間働く理由と会社を辞めないおもな理由となっていたのです。詳しくは後述しますが（36ページ参照）、工場モデルの下での人口の増加と高度成長が「新卒一括採用（青田買い）、終身雇用、年功序列、定年制」というワンセットの特異な労働慣行を生み出したのです。

条件③ 人口の増加

人類の歴史において、人口の増加は、繁栄、安定、安全と同義語でした。

日本は、1960年代から1990年代初頭まで人口ボーナス期にあり、この間に、急速な工業化と高度成長を成し遂げています。

人口ボーナス期とは、15～64歳の生産年齢人口が、それ以外の従属人口（0～14歳、65歳以上の非労働者人口）よりも多い状態のことです。子どもと高齢者の数に比べ、働く世代の割合が多いため、経済成長が後押しされます。

デービッド・アトキンソンの著書『新・所得倍増論』（東洋経済新報社）によれば、高度成長の主因が人口の増加であったことが数字で正確に検証されています。


一方、現在の日本は、**人口オーナス期（人口減少期）**に入っています。

人口オーナス期とは人口ボーナス期の逆で、高齢化によって従属人口の比率が上昇しているため、消費の停滞に加え、社会保障費などの負担が重くのしかかっています。

人口オーナス期の社会では、人口の減少分を補うべく労働生産性を向上させなければ、成長はありえません。

わが国の労働力は大幅な不足が見込まれています。2030年には、現行に比べ、労働力が644万人も不足すると推測されています（パーソナル総合研究所・中央大学「労働市場の未来推計2030」）。

人口ピラミッドが正常な姿をしている社会では、「敬老原則」（多数の若者が働き、少数の高齢者を支える＝young supporting old）が基軸となりますが、超高齢社会では、敬老原則の継続は不可能です。これからは、解雇の自由化とセットになった定年制の廃止、同一労働・同一賃金への移行など、「年齢フリー原則」（＝all supporting all）をベースとして社会のインフラを組み替えていく必要があります。

young supporting old（敬老原則）の世界では、働いている若者から所得税を集め、住民票で敬老パスを配れば、それで事足ります。

しかし、all supporting all（年齢フリー原則）の世界になると、全員が社会を支えるわけですから、消費税に切り替える以外の方法はありません。また、シングルマザーなど経済的に不利な人に給付を集中しようとすれば、マイナンバーを整備するしかありません。

少子高齢化とは、こうしたパラダイムシフトを伴うものなのです。

わが国では、「消費税といえば弱者に厳しい仕組みだ」という、紋切り型の意見が出されます。しかし、弱者にやさしいヨーロッパの社会が、すべて消費税を基幹としているという事実が、そういった意見は皮相的に過ぎないことを何よりも雄弁に物語っていると思います。

「工場モデル」から脱却しなければ、働いても貧しくなるだけ

高度成長の時代は、工場モデルの働き方が合理的でした。

しかし現在、日本のGDPの4分の3以上は、サービス産業を主力とする第3次産業が占めています。

つまり、**サービス産業の生産性を上げることが、国全体の生産性を上げる**ことに貢献するのです。

現在、前述した「冷戦」「キャッチアップモデル（＝製造業の工場モデル）」「人口の増加」の3条件は、ことごとくベクトルが逆方向に向いています。

冷戦は終わり、人口は減少し、サービス産業が日本の産業構造の主軸を占めるようになっています。生産性の高い製造業は社会の宝だと思いますが、日本国内に、これ以上工場がつくられるとは考えにくい。

それなのに日本企業の**働き方は、いまだに工場モデルのまま**です。

製造業主体の工場モデルからサービス産業主体の経済に移行しているのに、働き方はサービス産業モデルにシフトせず、工場モデルの働き方（長時間労働）を続けています。だ

から日本は、働いても、働いても、豊かにはならないのです。たとえて言えば、野球からサッカーに切り替わったのに、黙々と素振りを続けているような状況です。これでは、試合に勝てません。

戦後の日本は、立派な工場をつくり、労働者を長時間働かせて、工場でつくった製品を輸出して、高度成長を実現しました。

しかし、もはや工場モデルが過去のものになったことが決定的である以上、社会のシステムも、働き方も、変わらなければなりません。

サービス産業を中心とする社会においては、**労働時間ではなく、「成果」と、それをもたらす「アイデア」こそが、生命線**になります。

労働者が長時間労働をしていたら、画期的なアイデアは生まれません。**長時間労働の工場モデルは、現代の働き方にまったく見合っていない**のです。

サービス産業モデルの評価軸は、「労働時間」ではなく、「労働生産性」

「新卒一括採用→終身雇用→年功序列→定年制」には無理がある

高度成長期の日本を支えたのは、「新卒一括採用（青田買い）、終身雇用、年功序列、定年制」がワンセットになった雇用システムです。

工場モデルでは、新卒者を大量に一括採用し、まとめて教育を行い、定年まで働き続けてもらう終身雇用が理にかなっていました。高度成長は多くの労働力を必要としますから、企業は新卒採用に躍起となり、「新卒一括採用（青田買い）」という特異な慣行が生まれました。

一所懸命働けば所得が2倍になる時代では、転職願望が生じにくい。「おもしろくない仕事をするからこそ、給与がもらえるのだ」という妙に説得力のある珍論も生まれました。しかも、同じ業界では「引き抜かない」慣行が維持されてきました。たとえば、三井銀行を辞めた人は住友銀行に行けなかったのです。そのため、青田買いで採用された新卒社員は、行く所がなくなるので、そのまま「終身雇用」されることになります。したがって企業側でも、雇用調整を行う必要がありません。

終身雇用であれば、賃金は「年功序列」にするのが簡便《かんべん》です。毎年給与が上がっていくシステムなら不満も起きにくく、従業員の納得も得やすいからです。

しかし、年功序列制の下では、部門長などの高位の役付ポストは高齢者に占拠されることになります。そこで「定年」という制度を設けて、高齢の役付者が滞留《たいりゅう》しないようにしたのです。定年退職者には、手厚い退職金や企業年金が払えたので、文句を言う人もいませんでした。

しかし、「新卒一括採用→終身雇用→年功序列→定年制」という労働慣行は、前述した3条件（冷戦、キャッチアップモデル、人口の増加）の下での高度成長を与件としていました。低成長と人口減に直面し、製造業からサービス業中心へと産業構造が転換した現在、ガラパゴス的な雇用慣行を続けていては、生産性向上は望めません。

サービス産業モデルで評価されるのは、自分の頭で考える人

工場モデルと、サービス産業モデルとでは、社員に対する評価軸が異なります。

工場モデルでは、独自の意見を述べる人材はともすれば疎《うと》んじられます。「何の疑問も持たずに、与えられた仕事を黙々とこなす人材」「従順で、素直で、協調性の高い人材」が重宝されました。

終戦後の復興にむけて「アメリカ」というゴールを目指して突き進んできた日本は、いわば「ルートの見えている登山」を行っていましたから、考えなくても前の人についていけば、頂上まで道に迷うことはなかったのです。

極論を言えば、当時の社会や企業にとって、「自分の頭で考える人」は必要ありませんでした。「ベルトコンベアの前で、長時間の単純作業を繰り返すことに、何の意味があるのか」などといった疑問を抱かず、黙って、言われたことだけをやり続けてくれる人のほうが、都合がよかったのです。

しかし、今は違います。今のサービス産業モデルで求められるのは、自分の頭で考え、新しいアイデアを生み出せる人です。

たとえば、出版社にAさんとBさんという2人の編集者がいたとします。

Aさんは、朝8時に出勤し、夜10時まで仕事に励んでいます。食事中もパソコンの前にしがみつき、左手でサンドイッチを食べ、右手でキーボードを叩く。Aさんは毎日熱心に、一所懸命仕事をこなしています。けれど残念なことに、Aさんが編集した本は、どの本もあまり売れません。

一方のBさんは、朝10時くらいに、寝ぼけまなこで出社します。出社するとすぐにカフェに行き、そのまま誰かとランチを食べに行ってしまう。夜は一切残業せず、夕方6時には飲みに出かける。それでもBさんは、いろいろな人からアイデアをもらってベストセラーを連発しています。

勤勉だけれど、成果を出せないAさん。デスクにはほとんどいないけれど、成果を出すBさん。どちらを評価すべきでしょうか？

サービス産業モデルで評価されるのは、Bさんです。

工場モデルであれば、Aさんが評価されたでしょう。アイデアがなくても、長時間、真面目に働いてくれたら、たくさんの製品ができ上がるからです。Aさんが担当するベルトコンベアは、朝8時から夜10時まで、ほぼ休むことなく動き続けて製品を造り続けます。反対に、Bさんが担当するベルトコンベアの実稼働時間は、朝10時から夕方6時まで、しかもカフェに行っている時間は動かせないのでとても少なく、生産性が落ち込んでしまいます。

製造業のような工場モデルと、発想力を競うサービス産業モデルとでは、働き方も、求められる人材もまったく違うのです。

サービス産業モデルの代表選手であるスティーブ・ジョブズをベルトコンベアの前に立たせたらどうなるか、想像してみてください。

おそらく、ジョブズは腕を組んで何事かを考えはじめ、ベルトコンベアは立ちどころに止まってしまうでしょう。しかし、ジョブズのような人を育てなければ、新しいサービスは生まれないのです。

「メシ・風呂・寝る」から、「人・本・旅」に切り替える

「長時間労働が生産性を上げる」というデータはどこにも存在しない

グローバル企業では、社員が夜遅くまで仕事をしていると、「ダラダラと残業をしているのは、能力がないからだ。次回のレイオフ（企業の業績悪化などを理由とする一時的な解雇のこと）の候補にしよう」と考えます。

一方、伝統的な日本企業は、仕事の成果よりも従業員のロイヤルティ（組織に対する帰属意識や忠誠心）を評価する傾向にあります。ロイヤルティを測るのは、これまでは労働時間だとみなされてきましたから、残業をすれば、「夜遅くまで仕事をしていて、見どころがある」と評価されます。

これからの時代は、**労働時間ではなく労働生産性（成果や業績）が、評価の対象**となる仕組みを構築していく必要があります。10の成果を出すために「8時間働く社員」と、「10時間働く社員」を比べたとき、生産性が高いのは、明らかに前者です。

僕が講演会などで、「時間ではなく、成果で評価する慣行を打ち立てたほうがいい」と述べると、50代、60代のビジネスパーソンの手が挙がって、次のような質問がなされます。

「長時間労働によって社員の知的生産性が高まることもあると思います。若いうちは、残業や徹夜をしたほうが、仕事を早く覚えられるのではありませんか？」

こうした質問に、僕は次のように答えるようにしています。

「そうかもしれません。僕が不勉強で、『長時間労働は仕事の役に立つ』というデータを見たことがないのだと思います。のちほど名刺交換しますから、『若いときの徹夜や長時間労働がイノベーションを生んだ、その労働者の知的生産性とマーケットの価値を高めた』などという実証的なデータや文献を送っていただけますか？　勉強して出直しますので」

データを送ってくれた人は、これまでひとりもいません。長時間労働を評価する人は、工場モデル下での自らの成功体験に単に引きずられているだけです。時代も、産業構造も変わった今では、通用しない考え方です。

反対に、**「長時間労働を続けると、生産性が落ちる」というデータは山のように存在**します。医学的に見て、頭を使う仕事は長時間労働ができません。

人間の脳の質量は、体重の2％程度なのに、脳で消費されるエネルギーは、体全体の消費エネルギーのほぼ20％（成人男性で1日約500kcal）に相当します。

脳をフル回転させる労働は、人間の脳のメカニズム上、「1回2時間」、休憩を挟んで「1日3回（せいぜい4回）」が限度だと考えられています。その好例はハリウッドの映画です。上映時間を2時間前後に収めることが多いのは、人間の1回の集中力の目安が2時間だからです。

また、「長時間働いたあと達成感を覚える」のは、脳の自衛作用であることがわかっています。脳は疲れると、快感を伝えるホルモンを出します。つまり、ホルモンのせいで「仕事をした気分」になっているだけで、生産性とはまったく関係がないのです。

講演会の登壇後に、参加者の方から「1時間半があっという間でした。もっとお話が聞きたいです」といった感想をいただくことがあります。そんなとき、「では、次回は同じテーマで5時間ぶっ続けで話します。また来てもらえますか？」と聞いてみると、相手は「いや、ちょっと……」と躊躇《ちゅうちょ》します。躊躇するのは、5時間も集中力が続かないことをその人の脳が本能的に理解しているからに他なりません。

今の時代に必要な「生活の基本」とは？

長時間労働は、物理的な製品づくりを行う場合の労働手法です。工場モデルの時代は、生産ラインの前で手先を動かす単純作業がメインなので、いわば条件反射の世界。脳をそれほど酷使しませんから、長時間労働をこなすことができました。

しかし、サービス産業の時代は、脳をフル回転させて、斬新な発想やアイデアを生み出す必要があります。朝8時から夜10時まで長時間働いていては、脳が疲れてしまうだけです。アイデアやサービスといった無形のものを生み出すには、さまざまな経験を積んで、発想力や柔軟性を養うことが大切です。

そのためには、**生活の基本を「メシ・風呂・寝る」から、「人・本・旅」に切り替える**必要があると思います。仕事を早く終えて、人に会ったり、本を読んだリ、ときには旅したりと、脳に刺激を与えないと、画期的なアイデアは生まれないでしょう。

わが国は、「メシ・風呂・寝る」の長時間労働をあらため、「人・本・旅」の集中短時間労働へと舵を切り替えなければ、経済が成長しない段階にきています。

それなのに、働き方が変わらないのは、「長時間働けば、それだけ前進できる」という戦後の成功体験を持つ人たちがいまだに社会を取り仕切っているせいではないでしょうか。

頭がよくなる3つの学び方

同じような人に会わず、いろいろな本を読み、似通った場所には行かない

そもそも自分の頭の中にさまざまな情報や知識がなければ、アイデアは浮かびません。イノベーションやアイデアは、自分の仕事を深掘りするだけでは生まれないのです。

新しい情報や知識を自分の頭の中に取り込むためには、幅広く学ぶことが必要です。

学ぶための方法は、3つあります。**たくさんの「人」と出会い、たくさん「本」を読み、たくさん「旅」をして（現場に出て）経験を重ねること**です。

あるとき、ソーシャルメディアの投稿を読んでいたら、次のような書き込みが目に入り

ました。「アメリカの大学生は、4年間で平均400冊の本を読む。日本の大学生は100冊に満たない。同じ職場に就いたらどちらの学生におもしろい仕事が与えられるか、それはもう、決まっているよね」。

僕も、その通りだと思います。大学は勉強をする場所です。では、どうやって勉強をしたらいいのかといえば、「人・本・旅」で勉強するしかありません。たくさんの人に会い、たくさんの本を読み、いろいろなところへ出かけて経験を積むことで、人は賢くなる（人間と人間がつくった社会のことを知る）のです。

詩人・小説家の島崎藤村《しまざきとうそん》は、「人の世に三智《さんち》がある　学んで得る智　人と交って得る智　みづからの体験によって得る智がそれである」という言葉を残しています（参照：小諸《こもろ》市オフィシャルサイト）。

島崎藤村は「本を読んだり、話を聞いたりして得る知恵」「他人との交流を通して得る知恵」「実際に体験して得る知恵」を三智と呼びましたが、僕は、「人・本・旅」と言い換えています。

アウトプットの精度を高めるには、ストックしてある知識や情報、すなわちインプットの量をまず増やすことです。

アイデアの材料になるのは、脳にインプットされた情報のみであり、その絶対量が足りなければ発想の精度は高まらないし、発想の幅も広がりません。

したがって、**新しいアウトプットを生み出すためには、「人・本・旅」によるインプット**が不可欠です。

人……同じような人とばかり会わない

「会いたいと思った人には、すぐに会いに行く」
「食事やお酒に誘われたら、原則、断らない」
「10人以上集めてもらったら、可能なかぎり、どこへでも話しに行く」

のが僕の信条です（2018年1月にAPUの学長に就任してからは、さすがに多忙になったので、講演はほとんどお断りせざるを得なくなりましたが）。

同質な人間ばかりの集団は、同じような経験、情報しか持っていないため、10人いても10人分の知見が出せません。自分と同じようなタイプは考えることが一緒なので、意外性はなく、アイデアが出にくくなります。

たとえば、いつも同じ仲間とカラオケに行くと、「誰が、いつ、どんな歌を歌うのか」がだいたいわかりますが、知らない人と行くと、「この人、何でこのような歌を歌うのだろう?」といった新鮮な驚きがあって、脳が刺激されます。

多様な脳が集まれば集まるほど、アイデアが生まれやすくなる。ですから、自分とは異質な脳を持つ人に出会うことが大切です。

一言で言えば、世間でよく言われる**「ダイバーシティ」がとても大切**だということです。

本……食わず嫌いはやめていろいろな本を読む

僕は、歴史、文学、哲学、思想・宗教、科学、美術、ビジネス、マンガなど、ジャンルは一切問わず、どんな本でも読みます。飛行機に乗っても、新幹線に乗っても、地下鉄に乗っても、座ったら本を読まないと落ち着かない。本を選ぶ判断基準は、「おもしろいかどうか」だけです。

以前は、毎週のように書店に足を運び、本文の最初の10ページを立ち読みして本を選んでいましたが、ライフネット生命を創業してからも、ＡＰＵの学長に就任してからもその時間がとれなくなったので、基本的には、新聞の書評欄で本を選んでいます。

新聞の書評欄にはハズレがなく、「これは失敗だったな」と思った本は、この10数年で1冊もありません。

書評欄以上にまちがいないのが、古典です。

古典は無条件に良書です。なぜなら、歴史、文学、哲学、思想、科学など、人間が探求してきたさまざまな分野の知の結晶として、何百年にもわたって読み継がれてきたからです。

人間は、それぞれ能力も育った環境も違いますが、脳は1万年以上（動物の家畜化や植物の栽培化をはじめたドメスティケーション以降から）進化していないため、本質的な思考や行動様式は昔からほとんど変わっていません。長い間マーケットの洗礼を受け、多くの人に選び続けられてきた古典には、物事の原理原則が書かれているのだと思います。

旅……現場を知る

「旅」＝「現場」と言い換えていいと思います。

真実は現場の中にしか存在しないので、若手はもちろん、経営者も役員室や社長室にこもるのではなく、現場に出るべきです。役員室や社長室に足しげく報告に来る人間は、ほとんどがゴマスリと思ったほうがいいでしょう。新しくパン屋さんができたら、行って、買って、食べて、はじめておいしさがわかります。自分の目で物事を見て、自ら体験する。机上で考えるだけではなく、いろいろな現場に出向き、体験を重ねることが大切です。

僕は、47都道府県のすべてに足を運んでいます。離島もほとんど訪ねました。鹿児島で、仙巌園《せんがんえん》（磯庭園《いそていえん》）のベンチに座ると、ズボンのおしりが真っ黒になりました。このとき、「なるほど、桜島《さくらじま》の灰が降るということは、これほど大変なことなのだ」と実感した記憶があります。

人間、**身をもって体験すると、理解のレベルがぐんと上がります。**

「人・本・旅」が柔軟な思考を生み出す

僕は34年間、日本の典型的な大企業に勤務していましたが、それでも発想が比較的自由でいられたのは、「人・本・旅」に多くの時間を費やしていたからだと思います。

就職して最初の2年間は京都支社で働き、次の5年間は大阪本社の企画部、29歳で東京に出て来てからは、43歳でロンドンに赴任するまで（途中1年間は日本興業銀行に出向）、

13年間連続してMOF《モフ》担《たん》、つまり現在の財務省（旧大蔵省）や日本銀行などとの渉外担当を務めていました。

中央官庁の役人は、よく勉強している人がじつに多い。彼らと毎晩のようにお酒を飲んでは議論をしていたので、たくさんの異質な人たちと意見交換ができたように思います。29歳で上京したときからライフネット生命を開業する60歳まで、僕はほぼ毎晩、誰かと会ってはお酒を飲んでいました。ウィークデイに自宅で夕食を食べたのは、たったの数回しかありません。

テレビはほとんど見なかったですし、ゴルフも数回はやってはみたものの、休日の時間がとられるのでやめました。その代わり、週に10冊くらいは本を読んでいました。旅も好きで、夏と冬にはまとまった休暇を2週間前後取り、海外なら、80数ヵ国、１２００都市以上は自分の足で歩いています。

僕は「人・本・旅」で大量にインプットした結果として、物事を柔軟にとらえることができるようになったのだと思います。またそのため、大企業病にかからずにすんだのだと思います。

僕を分解すると、おそらく本50%、人25%、旅25%でできていると思っています。

「イノベーション」＝「知識」×「考える力」

「おいしい生活」＝「いろいろな知識を身につける」×「自分の頭で考える」

講演会やAPUの学生の前で、僕はよく、次のような質問をします。

「おいしいご飯とまずいご飯、皆さんはどちらを食べたいですか？　手を挙げてください」

全員が「おいしいご飯」だと答えます。

「おいしいご飯」をA×Bのカタチに因数分解すると、

「いろいろな食材を集める」×「上手に調理する」＝「おいしいご飯」

となると思います。

その次に、もうひとつ質問をします。

「おいしい生活とまずい生活、皆さんは、どちらを送りたいですか？」

全員が「おいしい生活」だと答えます。**「おいしい生活」を同じように因数分解**すると、

「いろいろな知識を身につける」×「自分の頭で考える」＝「おいしい生活」

になると僕は考えています。

食材が知識であり、調理する力が、考える力です。いろいろなことを知り、自分の頭で自分の言葉で考えて、はじめて、おいしい生活が送れるのです。**「おいしい生活」はイコール「教養」もしくは「リテラシー」**であり、さらには、**イコール「イノベーション」**でもあると思います。

僕は、タイトルに「教養」という言葉がつく本を何冊か書いていますが、僕の考える教養は、どちらかというと、「リテラシー」に近いかもしれません。リテラシーとは、言葉などを的確に理解・分析し、必要な情報を引き出し、活用できる能力のことです。

知識が必要なのは、それによってさまざまな因襲《いんしゅう》から自由になる力が得られ、かつ人生

の楽しみが増えるからですが、知識はあくまでも1つの道具、手段にすぎません。何事かを知っている（知識がある）だけでは、「おいしい生活」を送ることはできないのです。

既存知の組み合わせがイノベーションを起こす

ライフネット生命の本社近くに、「ソラノイロ」というラーメン屋さんがあります。ソラノイロの「ベジソバ」は、日本ではじめて、麺・スープ・トッピングすべてに野菜を使ったヘルシーなラーメンです。スープには、キャベツやニンジンなどを煮出してつくる「ベジブロス」に塩味を効かせて、ムール貝などを使用してつくるタレを合わせています。

店主、宮崎《みやざき》千尋《ちひろ》さんがベジソバを創作できたのは、食材やラーメンに関わる知識をたくさん持っていたからです。ムール貝を食べたことのない人や、ベジブロスを知らない人には、ベジソバをつくることはできません。そして、自分の頭で「野菜とムール貝の組み合わせ」を考えついた。

ベジソバは、「知識」×「考える力」がうまく作用して、イノベーション（新しいものを創り出すこと）を生み出した好例だと思います。

ビジネス上のイノベーションのほとんどは、既存知の組み合わせです。知識が豊富にあるだけでは、新しいものを生み出すことはできません。**豊富な知識を自分の頭の中でさまざまに組み合わせ、それを外に向けて発信する力**（アウトプットする力）がこれからは何よりも求められるのではないでしょうか。

イノベーションは、前述したように既存知の組み合わせですが、**「既存知間の距離が遠いほど劇的なイノベーションが生まれる」**という法則があります。

「ラーメン」と聞いて、人は何を連想するでしょう。おそらく、しょう油、味噌、チャーシュウ、玉子、ネギなどではないでしょうか。これらは皆、ラーメンと距離が近い。これらを組み合わせてもおもしろいイノベーティブなラーメンが生まれることはないでしょう。

反対に、ラーメンと聞いて、ニンジンやムール貝を連想する人がいるでしょうか。これらは、距離が遠い。だからこそ、「ベジソバ」というイノベーティブなラーメンが誕生したのです。このことからもダイバーシティ（＝多様性＝距離の遠さ）がいかに大切かがよくわかります。

「女性」が活躍しなければ生産性は上がらない

女性を登用しない会社は、市場から取り残される

生産性を上げるには、**「長時間労働をやめる」＝「『メシ・風呂・寝る』から『人・本・旅』の生活に切り替える」**こと以外に、もうひとつ大切なことがあります。

それは、**女性の活躍**です。日本の産業構造は、製造業からサービス産業へと比重が大きくシフトしています。

サービス産業における購買の主体は、女性です。全世界でどのような統計をとっても、女

性がサービス産業の需要全体の6～7割を占めています。ということは、供給サイドにも女性がいなければ、顧客の真のニーズをつかむことはできません。

ヨーロッパでクオータ制が導入された理由も、この需給のミスマッチにあります。

クオータ制とは、議員や会社役員などの女性の割合を、あらかじめ一定数に定めて積極的に女性を登用する制度のことです。クオータ制に関しては、「逆差別であって平等原則に反する」という主張も根強くありますが、僕はそうは思いません。一定の時間軸において、男女の真の平等を実現するという大義があり、その一方で男女の性差別が残っているという現実がある、その乖離を縮める手段として考えれば、クオータ制はとても合理的現実的な手段です。加えて、世の中からは経済を活性化させるため、需給のミスマッチを是正したいという現実的な要請が寄せられています。

高齢化が世界で最初に進んだのは、ヨーロッパです。ヨーロッパの国々では、「高齢化に伴う出費を取り戻すためには、サービス産業の主たる需要者であって人口の半分を占める女性の活躍が不可欠である（需給のミスマッチを解消させなければ経済は上向かない）」という認識を持って、ほとんどの国がクオータ制を導入して女性を積極的に登用しています。**世界一高齢化が進み、女性の登用が遅れている日本**は、本来どこよりも厳しいクオータ制を導入すべきだと僕は考えています。女性を筆頭に多様な人材が活躍しなければ、経済が成長しないからです。

クオータ制について日本のある財界人が、「ヨーロッパの政治家はみんな女性に弱いのですね」と述べて失笑を買った、という笑い話がありますが、需給のミスマッチを解消する観点から見れば、政治やビジネスの世界で女性を登用するのは当たり前の話です。「日本経済を支えている」と自負している50~60代の男性に、消費を支えている女性のニーズがわかるでしょうか。

ある出版社の話ですが、30代の女性のA子さんが、子ども2人を母親にあずけて残業をしていたそうです。すると、会議室に50代、60代の経営幹部が10人ほど集まって、編集会議をはじめた。彼らは顔を突き合わせて、「うちの雑誌が頭打ちなのは、読者の8割が男性だからだ。これからは、30代、40代の女性をターゲットにした雑誌をつくらないと活路は開けない。では30代、40代の女性に読んでもらうには、どういう誌面にすればいいのか」と、大声で議論していたというのです。

このときA子さんは、冗談半分本気半分で、こう思ったそうです。

「10人のおじさんたちの時間給や社会保険料などをザッと計算すると、この会議だけで数十万円になる。その1割でもいいので特別手当として私に支給してくれたら、日曜日にママ友4、5人を集めて、『どんな雑誌を読んでみたいか』、彼女たちの意見を聞いてくるのに。そうすれば、おじさんたちの数十万円の会議より、はるかにいいアイデアが出せると思う。何でうちの経営者は、そのことに気がつかないのだろう？」

サービス産業の生産性を上げるには、ユーザーと生産サイドのマッチングが不可欠です。サービス産業のユーザーは女性が60～70％なのですから、売れる商品やサービスをつくろうと思えば、女性のアイデアがマストです。日本政府は、クオータ制を導入する覚悟ができていないので、「すべての女性が輝く社会」という文学的表現に留めていますが、女性が輝くためには、男性が早く退社して、家事、育児、介護をシェアする以外の方法はありません。この観点からも**長時間労働の是正は不可欠**です。

工場モデルが続くかぎり、女性は輝けない

2016年4月から「女性活躍推進法」（女性の職業生活における活躍の推進に関する法律）が施行されていますが、状況は、それほど好転していません。男性が外で長時間働いて、女性が家を守るという時代錯誤的な工場モデルが現在も続いているからです。男性が「メシ・風呂・寝る」の生活を続けていれば、家事や育児、介護は女性が一手に引き受けることになるので、女性が職場で輝けるはずはありません。

長時間労働の解消に本気で取り組み（年間労働時間を2000時間超から1500時間程度に減らす）、家事や育児、介護を男性もしっかり分担することで、はじめて女性が社会で輝くことができる。そこではじめて需給のミスマッチが解消され、日本の経済が伸びていくことが期待されるのです。

女性の活躍を妨げているのは、長時間労働を容認する労働慣習です。日本では、現在でも第一子の出産を機に約34%の女性が仕事を辞めています（参照：「出産退職の経済損失1・2兆円」第一生命研究所）。育児をしながら長時間働くのが難しいことと、パートナーが長時間労働で家に帰れず、家事・育児・介護をシェアできないことが主たる原因です。

1985年に制定された男女雇用機会均等法によって、女性も男性と同じように総合職として働けるようになりました。しかし皮肉なことに、実際には女性の正社員の実数が減っています。工場モデルの下では、女性も「メシ・風呂・寝る」の長時間労働をこなさないかぎり評価されないからです。男性のように2000時間以上も働いていたら、家事や子育てなどとの両立ができるはずがありません。

残業上限規制とインターバル規制を導入すれば、生産性は上がる

長時間労働を是正するために、そして、女性が輝く社会をつくるために、**「残業上限規制」**と**「インターバル規制」**の導入を検討すべきだと僕は思います。

残業上限規制

政府の「働き方改革実行計画」では、残業時間の上限について、最大でも「単月100時間未満（休日労働を含む）」「年720時間以内」「2～6ヵ月平均で80時間以内（休日労働を含む）」「月45時間を超えていいのは年6回まで」などの制限をかけました（大企業は

2019年4月から、中小企業は2020年4月から施行)。しかし、僕はもっともっと踏み込むべきだと思います。ヨーロッパのように年間の総労働時間で1500時間以下を目指すべきだと思います。

インターバル規制(勤務間インターバル規制)

インターバル規制とは、終業時刻から次の始業時刻までの間隔(インターバル)の最短時間を規制して、「休息期間」をきちんと確保しようという措置のことです。これは、動物としての人間の健康を担保するとても重要で根源的な規制です。

1993年からこの規制を導入しているEUでは、労働者の健康を守る観点から、24時間につき「最低連続11時間」の休息が定められています(仕事に関する1日の拘束時間は13時間が上限となり、1日当たりの労働時間を制限できる)。わが国も見習うべきです。

「残業上限規制」と「インターバル規制」の導入は、2つの意味で大きな効果があります。早く帰れば「人・本・旅」の生活に転換ができること。「人・本・旅」で勉強すれば、アイデアが出やすくなります。もうひとつは、男性も、育児・家事・介護をシェアできるため、女性の社会進出が進むことです。

Column

僕が、APUの学長を引き受けた経緯

ライフネット生命の創業から10年が経過し、売上100億円、営業キャッシュフロー40億円の企業に成長、さらに、現社長の森君などの若手も台頭してきたので「ネット生保として基盤ができたこと」と、「古希を迎えてちょうど10年はキリがいい節目だから」と、2017年6月に僕はライフネット生命の会長を退任しました。森君に取締役のポストをバトンタッチしたのです。

退任後は、創業者として「2、3年は、ライフネット生命を側面からサポートしよう」と思っていたところ、2017年9月に、ヘッドハンティング会社から、APUの学長推挙の話が舞い込みました。

「立命館アジア太平洋大学（APU）が日本ではじめて大学の学長を国際公募しています。出口さんは複数の方から推挙されていて、104人の候補者のリストに載っています。どうしますか？　インタビューを受けてみますか？」

国際公募の条件を確認したところ、「①ドクターを持っていること（もしくはそれと同等の学識を有すること）」「②英語がペラペラであること」「③大学での教育・運営経験があること」が望ましいとのことでした。

僕は、どの条件にも当てはまっていません。僕の家族も、「それはきっと、『枯れ木も山のにぎわい』というやつだよ」と笑っていたので、僕も、「なるほど、それもそうだな」と軽く受けとめました。ようするに、「国際公募だし、APUは日本で一番ダイバーシティを進めている大学なので、僕のような条件に合わない者でも、候補者に入れておいたほうがいいと思ったのではないか」と（笑）。僕は、「自分が学長に選ばれる確率はゼロだけれど、せっかく声をかけていただいたのだし、無下《むげ》に断ることもあるまい」と思って、東京と別府で計2回、インタビューを受けました。

ヘッドハンティング会社から再び連絡があったのは、同じ年の11月の中旬です。「はなから、受かるはずがない」と思っていたため、面接を受けたことすら忘れかけていたのですが、「朝食でもご一緒しませんか？」と誘われたので、僕は「別府まで出向いたが、結果は

〝ダメ〟だったことに対するお詫び」だと早とちりをして、私服のまま、フラっと出かけていったのです。

指定されたホテルに着くと、「会議室を取ってある」というので、「ずいぶん大げさな朝食だな」と思いながら部屋に入ると、そこには、学長候補者選考委員長の今村正治副学長をはじめ数名の大学関係者がいて、「出口さんに学長になっていただきたいのです。選考委員みんなの総意です。彼が秘書として、彼女が広報として、今日から出口さんの面倒をみます。就任の記者会見は○○日の予定です。よろしくお願いします」と挨拶をされました。これでは断わろうにも断われないではありませんか。僕は一瞬、頭の中が真っ白になりましたが、すぐにあきらめて「わかりました、お受けします」と答えました。

ホテルを出たあと、僕はすぐにライフネット生命社長の岩瀬君（岩瀬大輔／現ライフネット生命保険取締役会長）を呼び出して、事情を説明しました。選ばれるはずはないと思っていたので、誰にも話していなかったのです。

出口「こんな話になったんだけれど」

岩瀬「え！　だったら、ライフネット生命と兼務でいいじゃないですか」
出口「いや、それはできないらしい」
岩瀬「いったい、誰が出口さんを推薦したんですか？」
出口「わからない。それは教えてくれなかった」
岩瀬「で、何と返事をしたのですか？」
出口「秘書と広報まで決まっているのに、『お断りします』とは言えないじゃないか。だから、『わかりました』と答えたよ」
岩瀬「じゃあ、ライフネット生命を辞めたらいいだけの話ですよ」

こうして僕は、２０１７年12月にライフネット生命から離れて、２０１８年１月にＡＰＵの学長に就任したのです。

ライフネット生命もＡＰＵも「若い組織」という点で共通しています。僕は川の流れに従って還暦でベンチャー企業を立ち上げるなど、チャレンジングなキャリア人生を歩んできましたので、そのチャレンジする姿勢を評価していただいたのだと思っています。大企業の社員から還暦ベンチャーへ、そして古希学長へ。今は移住した別府で「人生１００年時代」を迎えるべく、第3のキャリアに挑んでいます。

あとで聞いた話ですが、書類選考で10人、さらに5人にしぼられ、僕以外は学長経験者などをも含め、全員が教員だったそうです。今村副学長は、選考委員会が僕を推薦した理由を、次のように話しています。

「APUもやっと軌道に乗ったとはいえ、今の大学経営は厳しいし、これからの大学間の競争はますます熾烈《しれつ》を極める。課題も山積みです。出口さんは挑戦者だし、経営者で財務にも詳しい。一方で剛腕リーダーという感じの人ではなく、マネジメントはソフトです。ですから、個性的な教員もうまくまとめられると考えました」（今村正治）

僕が、一瞬考えて、APUの学長を引き受けた理由は、おもに「3つ」あります。

①オープンな組織である

学長候補者を決める選考委員会は、今村副学長（理事）をトップに教員5名、卒業生2名、職員代表2名の10名で構成されていました。そのうち4名が外国人、3名が女性というダイバーシティにあふれたメンバーです。日本の大企業を見ても、指名・報酬委員会などでこれほど多様性にあふれたメンバーを擁しているところを僕は知りません。このようなオープンな組織で学長を国際公募していることに魅力を感じました。

②「若者の国連」「小さな地球」である

APUには、世界約90の国や地域から、多彩な個性あふれる学生が集まってきています。学生も教員も半分以上が外国人です。まさに、「若者の国連」「小さな地球」のような場所です。これほど、ダイバーシティにあふれたキャンパスは日本にはほかにないと思います。さまざまな人が集まることで、ケミストリー（化学変化）が起こり、イノベーションが生まれることは、歴史からみても明らかです。

③ビジョンが壮大である

APUは2015年に、2030年にAPUが目指す将来像を示すものとして、「APU2030ビジョン」を策定しています。このビジョンの根幹にあるのは、「APUで学んだ人が世界の各地に散らばり、それぞれ自分の持ち場を見つけて自分のやりたいことに挑戦

APU全景。山の頂にあるキャンパスからは、別府湾が一望できる。

し、APUで学んだことをベースに自ら行動して世界を変えていく」というものです。

国連はSDGs（持続可能な開発目標）に代表されるような2030年のビジョンをつくっていますが、日本の大企業を見渡しても、このような壮大なビジョンを持つところは少ないと思います。

学長になる前は、「大学の先生はみんな本を読んでいるので、僕も学長室で本を読んでいればいいのかな」くらいに思っていたのですが（笑）、実際に就任してみるとメチャクチャ忙しい。就任して1年が経ち、今では、ベンチャー企業（ライフネット生命）の社長とベンチャー大学（APU）の学長は、「組織の意思決定を行う」「生産性を上げる」「みんなに元気に明るく楽しく働いてもらう」

などの点で、とてもよく似ていると感じています。

サラリーマンから還暦ベンチャー、そして古希学長。

「しんどい」「大変」と思ったことは一度もなく、毎日がドキドキとワクワクの連続です。

2018年7月には、「将来、本気で起業をしたい」と考えている学生を支援するため、僕自身がリーダーを務める「APU起業部」（通称：出口塾）を発足させました。

「APU起業部」は、学生の中から起業家やNPO・NGOなどのリーダーを育成し、国内外で活躍してもらう実践型の課外プログラムです。

事業計画が優れていたため書類審査を通過し、晴れて塾生となった32組（46名）の学生グループが、「APUで学んだ人たちが世界を変える」という2030ビジョンを体現すべく、起業を目指して第1期活動をはじめています。2019年度以降、APU起業部から「1年に5社以上」創業（ベンチャー、NPOの双方を含む）することが目標です。

まさか学長に選ばれるとは思っていなかったのですが、「選ばれた以上は全力を挙げてチャレンジしたい」と思っています。

大学は、教育と研究の両輪で動いています。**学長の使命**は何かと言えば、**「いい教員とスタッフを集め、いい学生を世界中から集め、教育と研究のレベルを上げること」**に尽きると思います。そして、その結果として、たとえば「大学ランキング」の順位が上がるわけです。イギリスの高等教育専門誌『タイムズ・ハイヤー・エデュケーション（Times Higher Education、ＴＨＥ）』が発表した「ＴＨＥ世界大学ランキング日本版２０１８」において、ＡＰＵは総合順位では21位、私立大学の中では西日本で１位、全国で５位（上位は、慶應、早稲田、国際基督教、上智のいずれも１００年大学です）に選ばれました。評価指標の「国際性」では、私立大学の中で全国１位に選ばれました。

外部の評価や順位を目的化してはいけませんが、ランキングは、大学の生産性を示す指標のひとつです。大学ランキングを引き上げていくことにも一所懸命取り組みたいと思っています。

第2章

新しいアイデアを生み出す「考える技術」

知的生産性を高めるには、社会常識を疑い根底から考える以外に道はない

ゼロ・トゥ・ワンの人材がこれからの未来を開く

知的生産性を上げるためには、**「社会常識を疑い、すべての物事を根底から考え抜く」**ことが必要です。前述したように、自分の頭で考え抜いて、5時間の仕事を3時間で済ませるように工夫すれば、知的生産性が高まります。

サービス産業が経済を主導する時代、企業の競争力の根源は、「人と違うことを考える能力」や「新しいアイデアを生み出す力」に求められます。したがって知的生産性を高めるには、考えること以外に道はありません。

「自分の頭で考えること」だけが、ビジネス上の進化をもたらします。**他人と同じことや、昨日までの自分と同じことを考えていたら、知的生産性は横ばいのまま**です。何事もゼロクリアな状態に戻して、根源から自分の頭で考え、自分の言葉で人とは違うアイデアを紡ぎ出さないかぎり、未来は開けません。

一般企業でも、大学組織でも、「知的生産性が高い人＝自分で考えて、かつ動ける人」だと僕は考えています。組織の目的、向かっている方向、置かれている状況、トップの理念を理解している人は、「一を聞いて十を知る」（一を聞いて、自分の頭で考えて、十の結果が得られる行動を起こす）ことができるので、明らかに知的生産性は高くなります。

ＡＰＵは、まさにゼロ・トゥ・ワンなので、教職員に求められるのは、**「ゼロベースで考える力」と、「一を聞いて十を生み出せる力」**です。ＡＰＵの今村正治（副学長）も、「自分の頭で考えて、行動する」ことの大切さをいつも発信しています。

「私は事務職員ですから、本来であれば、座って仕事をするのが職務なのですが、私はほとんど、席に座っていません。だから、『今村は、どこに行ったんだ！』『今村みたいなやつが大学の職員だなんて、理解できない』と言われてきました（笑）。

私は、『新しいこと』『人と違うこと』をやりたかったし、『すでに誰かがやっていることを自分がやる必要はない』と思っているので、大学ではかなり異端だと思います。

開学当初のAPUは、まさにゼロ・トゥ・ワンでしたから、私にはかっこうの職場でした。誰もが未経験なので、誰にも聞かなくていい。上司に聞いてもわからない。聞いても答えが返ってこないので、自分の頭で考えて、自分でやるしかない（笑）。

どこの組織でも、運営そのものを目的化してしまうと、会議体の運営に力を使いすぎるようになります。ですが、それだと時間がかかりすぎてしまうので、APUもこれまで以上に、『自分の判断で物事が決められる環境』に移行していく必要があるでしょう」（今村正治）

知的生産性を上げる5つの視点

漫然と考えていても、人と違うアイデアを生み出すことはできません。知的生産性を上げるには、次の5つの観点から物事を考えてみることが必要です（次項79ページより詳述）。

視点① 無限大ではなく、「無《む》減《げん》代《だい》」を考える

「無《む》」は、仕事をなくすこと。「減《げん》」は、仕事を減らすこと。「代《だい》」は、使い回したり、代用すること。「その仕事はなくせないか」「なくせないのなら、減らせないか」「ほかの資料に代えられないか」などと考えて仕事をすると、知的生産性を高めることができます。

視点② 「なぜ」を3回繰り返す

誰も疑わないことでも、「なぜ」「なぜ」「なぜ」と、腹落ちするまで深く考え直してみる。すると、物事を原点からとらえることができるようになるので、新しいアイデアを生み出しやすくなります。

視点③ 「枠」や「制約」の中で考える

たくさんの時間を費やして仕事をするより、「上限枠」や「規制」を設けたほうが、時間当たりの知的生産性が高まります。そもそも人間はナマケモノなので、ある程度の制約があってはじめて、工夫をしはじめる動物です。

視点④「数字、ファクト、ロジック」で考える

知的生産性を高めるためには、成功体験に頼らないこと。数字、ファクト、ロジックを踏まえた上で、ゼロベースから新しく発想することが大切です。エピソードよりもエビデンスに基づいて考えることが大切です。

視点⑤ 考えてもしかたがないことは考えない

考えて決断できるのであれば、徹底して考えるべきです。ですが、考えてもしかたがないことは、考えないほうがはるかに合理的です。

視点①

無限大ではなく、「無減代」を考える

なくす、減らす、代用する

数字には無限大という概念がありますが、この世の中のたいていのものは、有限です。「時間もスタッフも無限大であり、努力をすればするだけ、いい成果が出る」という考え方は、根拠なき精神論の典型だと思います。たとえば、ある資料を上司に提出したとき、上司が「もっと詰めてこい」などと言う場合は、実は、ほとんどが文章の趣味の問題であったりします。

ですから、**「無限大」という考え方を捨てて、「無減代」にあらためる**ことが大切です。

「無減代」とは、

- **無＝なくす（無視する）**
- **減＝減らす**
- **代＝代用する**

のことで、日東電工株式会社の柳楽幸雄《なぎらゆきお》会長（現・相談役）に教えていただいた言葉です。

「無」……なくす（無視する）

「無」は、仕事をなくす、つまり上司の指示を無視する。ようするに、言われた仕事を全部やる必要はないということです。

上司は、単なる思いつきや自己満足のために部下に仕事を振ることが多々あります。

したがって、上司から命じられた仕事を言われた通りにこなすのではなく、

「この仕事は本当に必要だろうか？　なくても困らないのではないか」

を自分で考え、判断しなければなりません。

日本生命時代の僕は、自席の卓上カレンダーに、部下に振った仕事とその期限をすべて

書き込んでいたのですが（A君に「金曜日締切り」でBの仕事を頼んだ場合は、2日前の水曜日に「A↓B」とメモしておく。そうすると、水曜の朝に督促できます）、ある日、外出から戻ると、A君が僕の書き込みを消しゴムで消していたのです。

「何をしているんだ？」

と僕が聞くと、A君はさほど悪びれた様子もなく、

「あまりたくさん仕事を振られてうっとうしいので、消しているんですよ」

と答える。僕が、

「おまえは、仕事をナメているのか？」

と怒ったら、彼はこう言い返してきました。

「そんなに怒らないでくださいよ。僕らもアホではないので、仕事の軽重《けいちょう》の判断くらいつきます。大事なことは、ちゃんとやっていますよ。半年前からみんなで相談してこっそり消していましたが、出口さんは気がつかなかったでしょう。また実際、仕事で困ったこともなかったでしょう？」

あ然としましたが、たしかにA君の言う通りです。半年間を振り返ってみると、仕事が滞ったことは一度もありませんでした。

僕はA君に「上司の指示のかなりの部分は、仕事の本筋には関係のない思いつきに過ぎない」ということを教えられたのです。

「減」……減らす

「無」くせないのなら、「減」らすことです。

「この仕事はもっと減らすことはできないか？」

「これまで10枚で書いていたレポートを3枚に減らせないか？」

などと考えてみます。通例で10枚提出する報告書なら、2、3枚に要約して提出すればいい。2、3枚にまとめようと思うと、「何を、どのようにまとめるか」を考えるクセがついて、本当に大事なことだけに的をしぼることができます。

「代」……代用する

「代」は代用、使い回しのことです。

「この仕事は、他の何かで代用（使い回し）できないか？」を考えます。

たとえば、上司から「経営会議に提出するデータをまとめてほしい」と頼まれたら、「最近つくった類似のデータを日付だけ変えて使い回す」ことができるかもしれません。「1ヵ月前の数値でも経営判断が歪む恐れはないのではないか?」などとよく考えながら「無減代」を徹底する。その結果、長時間労働の習慣が徐々になくなり、知的生産性は確実に高まります。

省略できる仕事は、いくらでもある

43歳で、日本生命のロンドン現地法人の社長を務めたときのことです。

あるとき、下階の運用チームのフロアに降りて行ったら、真っ暗で誰もいません。「5時の終了時刻を10分ほど過ぎていただけ」なのに、すでに全員が帰ったあとでした。日本の常識で言えば、みんなが残っている時間です。

日本では、残業するのは当たり前で、「長時間仕事をしたほうが業績は上がる」と教えられてきました。

一方、ロンドンの運用チームでは、定時帰宅が当たり前。それでいて運用成績は、社内の他のチームと比べても遜色がありませんでした。

彼らが残業をしなくても優れた成績を上げられたのは、無減代の発想で、

「その仕事はなくせないか」

「なくせないのなら、減らせないか」

「他のやり方に代えられないか」

を徹底して考えていたからだと思います。

「この仕事は何のためにやるのか」を突き詰めて考えたら、省略できる作業はいくらでもあるはずです。

視点②

「なぜ」を3回繰り返す

「考える」＝「腹落ちする」

僕は幼少期から、「なぜ？」を繰り返す性格でした。幼稚園か小学校のころ、空を見上げていたら、「星に比べると太陽はものすごく大きい。とても重たそうなのに、なぜ落ちてこないのだろう？」と不思議に思い、両親に「なぜ？」「なぜ？」「なぜ？」と質問したことがあります。

しつこく尋ねる僕に閉口《へいこう》したのか、両親は、たしか『なぜだろう　なぜかしら』（実業之日本社）という本を買ってくれました（別の本だったかもしれません）。

その本には、太陽が落ちてこない理由について、「石にひもをつけてぐるぐる回してごらん。石は落ちてこないでしょう。そのひもが引力というものです」などと書いてありました。実際に自分で試してみると、たしかに落ちてこない。僕は「なるほど！」と腹落ちして、爽快感を覚えました。

「本を読むといろいろなことがわかる」と気がついた僕は、それからたくさんの本を読むようになったのです。

「なぜなのかわからない」ことがあれば、腹落ちするまで考える。こうした僕の気質は大人になってからも変わっていません。今でも「なぜ？」「なぜ？」「なぜ？」の気持ちを持ち続けています。

僕は1972年に日本生命に入社して、京都支社の「第二奉仕係」に配属されました。おもな業務は、お客様からいただく毎月の保険料の収納です。当時は機械化が進んでいなかったので、支社では、紙の台帳を使って、お客様のデータを管理していました。

そのときの上司は、前田絹子さんという女性で、18人を束ねる班長でした。非常に優秀な高卒の女性で、僕もずいぶんと鍛えられました。前田さんから、

「出口君はまったく仕事ができないね。スピードも遅い。それなのに、なぜ私より給与が

多いの？　そのことをあなたはどう思っているの？」

と尋ねられたことがあります。

僕はすぐには答えられず、ひと晩考えて翌日、生意気にも、前田さんに次のように答えた記憶があります。

「ひと晩考えました。今の僕はたしかに仕事ができません。でもこの会社は、『出口は大学で勉強してきたので、1年後くらいには前田さんと同じくらい仕事ができるようになるかもしれない』と期待して、給与を高くしているのではないでしょうか」

「それは楽しみだわ。期待しているからね」

実際、それから頑張って1年後には、前田さんと同じくらい仕事ができるようになったと思います。僕は自分で納得して腹に落ちないと仕事ができないタイプなので、「これは何のためにやるのですか？」「なぜ、こうするのですか？」と前田さんを質問攻めにして、ずいぶん迷惑をかけたのではと今では深く反省しています。

でもその結果、仕事を早く覚えることができたのです。僕が社会人としてひとり立ちできたのは、優れた上司であった前田さんのおかげです。

社会常識や前例は、真理だとはかぎらない

何かを考えるときには、社会常識や前例に流されないことが大切です。

社会常識とは、

「みんながなんとなく共通して持っている認識」

「物事に対して、大多数の人がほぼ同一に持っている思慮分別」

などのことです。

「みんながそう思っているから」という理由だけで**社会常識に頼っていると、社会の中に芽吹きはじめている小さな変化を見落としてしまう**ことが少なくありません。

時代や社会が変われば、社会常識も変わります。

工場モデルの下では長時間労働が常識でしたが、サービス産業モデルの世界では長時間労働は役には立ちません。

誰も疑わないことでも、「なぜ？」「なぜ？」「なぜ？」と、自分で腹落ちするまで考えてみる。そうすれば、物事を原点からとらえられるようになり、変化する時代にも柔軟に対

応できるはずです。

社会一般の価値観や、常識や、成功体験や、前例を鵜呑みにしないで、すべてを一度くらいは自分の頭で徹底的に疑って考え抜くことが大切です。

とくに企業のトップやマネジメント層は、部下の何倍も現在の社会常識を疑い、考え続けなければなりません。なぜなら、**トップが意識を変えれば、社内の風土は劇的に変わる**からです。

現代のように変化の激しい時代になればなるほど、トップの一挙手一投足が注目を浴びるのです。

視点③

「枠」や「制約」の中で考える

「制約の中で考える」ことでブレイクスルーが起こる

人間は、ある程度強制されなければ、慣性の法則が働いてこれまでの惰性で動きます。たとえば、人は「いくらでも時間がある」と思うと、必死に仕事をする気にはなかなかなれません。したがって、残業をなくすには、**残業をしないことをルール化**してしまう（強制する）のも、ひとつの方法です。職場単位でも部署単位でも構わないので、上司の指示があったとき以外は、残業することを禁じてしまうのです。

極論すると、残業をなくすもっとも効果的な方法は、

「退社時間になったら、強制的にオフィスの電源を切る」

ことです。そうすれば仕事ができなくなるので、職場を出るしかありません。

たくさんの時間を調査や検討などに費やすよりも、**「上限枠」や「規制」を設けたほうが、まちがいなく時間当たりの知的生産性は高まります。**何かを決断しなければいけないときも、たとえば「10分で答えを出す」とはじめに時間の上限を決めてしまいます。

すると、余計なことを考えている暇がないため、集中して考えるようになります（僕の経験上、日常の仕事であれば、10分間集中して考えれば何らかの答えが出ると思います）。

「残業を規制しても、持ち帰り残業が増えるだけ」という意見もありますが、パートナーや子どもがいると、持ち帰ったところで仕事に集中できない気がします。現に残業を規制したら、社員の職場での集中力が高まり、3ヵ月から6ヵ月で持ち帰らなければならない仕事が、跡形もなく消えてしまうという実験結果もあるようです。

「家に持ち帰っても仕事がはかどらない」ことがわかれば、就業時間内に何としてでも仕事を終わらせようと工夫するのではないでしょうか。

僕は、「労働時間を減らしたほうが、生産性は上がる」と考えています。「上限枠を設けて労働時間を減らすと、生産性が下がってしまう」という考えは、短絡的です。

たとえば、年間２０００時間働いていた人が、年間１４００時間しか仕事をしなかった場合、単純計算では、生産性が70％に落ちることになります。

生産性が70％に落ちると、給与も70％減ることになる。給与の減額を受け入れたくなければ、「１４００時間で２０００時間と同じ（あるいは、それ以上）成果を出せるよう生産性を上げる」しかありません。「定時に帰る」ことを最優先に考えれば、非効率な仕事や意味のない業務を見直すようになるため、時間当たりの知的生産性は高まるはずです。

ファクトベースで述べれば、バブルが崩壊してからこの約4半世紀の日本の労働時間（正社員ベース）は、２０００時間超でまったく変化せず、その間の成長率は平均で１％前後です。

同じ期間のユーロ圏の労働時間は１３００〜１５００時間で、平均２％程度の成長を達成しています。

どちらが暮らしやすい社会か、問うまでもありません。

ワーキングマザーは知的生産性が高い

前職のライフネット生命でも、ＡＰＵでも、子育て中のワーキングマザーは、知的生産性がとても高いと思います。

彼女たちは、保育園や小学校（学童保育）に子どもを迎えに行く時間までに、必ず仕事を終わらせています。「午後6時に職場を出るにはどうしたらいいか」を逆算して仕事をするため、無駄がありません。

ライフネット生命時代に、あるワーキングマザーから、「自分はすごく集中して仕事をしているのに、ほかの人はダラダラ仕事をしているように見えて、とても歯がゆい。もっと集中して仕事をするよう社員を叱ってください（笑）」と直訴されたことがあります。

彼女たちを見ていると、「無減代」を実践するなど、さまざまな工夫をこらして業務を効率化していることがわかります。

ＡＰＵの佐間野有希子（学長室 経営・企画・ＩＲ業務などを担当／現在産休中）も、子育て中のワーキングマザーです。教員と一緒になって、大学の中長期計画の策定などを担当しています。

「APUでは、育児短時間勤務が認められていますから、女性だけでなく男性も、育児を理由に早く帰る職員が多いと思います。学内には子育て世代が増えているので、『残業してナンボ』という雰囲気はありませんし、上司も子育て世代ですから、『上司が帰らないから、部下も帰らない』といったこともありません。子どもの学校のイベントや家族の予定を理由に休みを取る職員もいます。

毎日ダラダラと遅くまで仕事をするのではなく、週の中で自分が決めた日だけ残業をして、残りの日は定時で切り上げる、といった働き方をしている人も増えてきました。

現在、私は産休中ですが、産休に入る前は、『午後4時30分以降は仕事をしない』ことを徹底していました。出口さんもおっしゃっていますが、『残業してでも100点の仕事をするのではなく、70点の仕事でいいから、定時で終わらせる』ことを意識して仕事をしています。いいか悪いかは別にして『少しくらい改善・修正が必要な部分があっても、4時30分まで出口さんに書類を渡す』というくらいの気持ちで仕事をすると、ダラダラしません。

終わるまでやるのではなくて、『絶対に4時30分には職場を出て、5時には保育園に子どもを迎えに行く』と、先に終わりの時間を決めてしまったほうが、生産性は上がる気がします」（佐間野有希子）

仕事と子育てを一緒にしたほうが、生産性は上がる

20世紀初頭、建築家のル・コルビュジェは、人口過密によって環境の悪化する近代都市を批判して、「輝く都市」を提唱しました。

大きい道路を縦横に広げて、用途別で地域を分けるゾーニングという考え方です。この構想に異議を唱えたのが、アメリカのジャーナリスト、ジェイン・ジェイコブスでした。

ジェイコブスは、「都市の活力は、その多様性によって維持されるので、さまざまな用途が混在することが必要である」と主張したのです。

僕は、職場も都市と同じで、「多様性」や「混在」こそが生産性を上げると考えています。たとえば、仕事と子育てを一緒にしたほうが、生産性は上がるのではないでしょうか。

以前、体験ギフト事業を手掛ける「ソウ・エクスペリエンス株式会社」を訪ねて西村《にしむら》琢《たく》社長にお話を伺ったことがありました。

ソウ・エクスペリエンスでは、子連れ出勤を導入しています。

生後数ヵ月の「赤ちゃん連れ」の母親もいましたが、何か問題が発生しても工夫次第で

解決できるため、母親も、周囲も、効率的に仕事ができているそうです。その結果、会社の生産性が上がっています。

なかには、「子どもはいないけれど、子どもの面倒を見るのは非常に得意」という人がいて、社員が自分の意外な才能に気づく機会が得られたとも伺いました。

集中して頭を使う仕事は、1回2時間が限度だといわれています。よく考えてみると、これは授乳サイクルとぴったり合うのです。

出社して授乳する。そして2時間集中して働く。赤ちゃんが泣くと授乳してひと休み。そこでリフレッシュしてまた2時間集中する。

子連れ出勤が母親や周囲の知的生産性を高めるのには、科学的な根拠があるのです。

視点④

「数字、ファクト、ロジック」で考える

成功体験を忘れて、ゼロベースで考える

新しい挑戦をはじめるときは、これまでの成功体験を忘れて、ゼロから考える（原点から考える）ほうが、成功の確率は高くなると思います。

人や組織がなかなか変われないのは、過去の成功体験を持っている人たちがそれを信じ込んでいるために、ともすれば現実のファクトを見られなくなってしまうからです。過去の成功体験に執着して「このままでいい」「このままがいい」と思うと、現状の維持を無意識に目標にしてしまうため、変化できません。

成功体験に縛られている人は、現状を素直に見る力が弱いのかもしれません。人間は、自

分が見たいものしか見ない生き物です。あるいは、見たいように変換する習性があります。森の姿を素直に見ることができなければ、1本の木すらきちんと植えることは不可能です。**世の中を素直に見るための要諦は、「数字、ファクト、ロジック」で考えること**です。言い換えれば、個々のエピソードではなく全体のエビデンスで考えるということです。数字、ファクト、ロジックで考えると、物事の全体像をとらえることができます。

- **数字……………相互に検討可能なデータのこと**
- **ファクト………データに関連する事項や過去に起こった事実のこと**
- **ロジック………数字とファクトに基づいて実証的に理論を組み立てること**

知的生産性を高めるためには、成功体験に頼らないこと。数字、ファクト、ロジックを踏まえた上で、ゼロベースから新しく発想することが大切です。

高度成長期の人口ボーナス期であれば、新卒一括採用（青田買い）は正しい方法でした。

黙々と働く企業戦士を効率的に早く大量育成する優れたシステムだったのです。僕が日本生命に入ったのは、大学を卒業したその日。つまり、新卒一括採用（青田買い）の慣行の下で入社しました。

ですが、今の企業に求められているのは、黙々と働く企業戦士ではありません。スティーブ・ジョブズのように自分の頭で考えることのできる尖《とが》った人材です。知的生産性を高めるためには、自分の成功体験や主観（根拠なき精神論）に頼らないこと。数字、ファクト、ロジックを踏まえて、ゼロベースから新しく発想することが求められているのです。

視点⑤

考えてもしかたがないことは考えない

悩んでも結論が出なければ、コインやあみだくじで決める

時間は有限で、1日は24時間しかありません。時間を有効に使うには、取捨選択が必要になります。

僕の場合、取捨選択の基準は単純で、まず「好き、嫌い」です。

僕は「眠る」ことが大好きなので、睡眠時間をまず7時間前後確保します。「食べる」ことも好きなので、食事の時間は3時間はほしい。

仕事は「残業しない」のが基本ですから、集中して8時間（2時間×4コマ）。就寝前に本を読む時間が最低でも1時間は必要なので、合計19時間。1日の残りは、5時間です。こ

の5時間をどのように使うかは、「好きなもの順」で取捨選択しています。

「好き、嫌い」で決めているのは、**何ごとも、好きなことなら長続きするから**です。「好きこそものの上手なれ」です。

AとBの2択があって、どちらも同じくらい「好き」な場合は、「コインの裏表」で決めます。選択肢が3つ以上あって、「どれも同じ程度に好き」ならば、あみだくじで決めます。情報を集め、期限を決めて考え、それでも結論が出なければ、あみだくじかコインの裏表で決めればいい。長々と考えるのは時間の無駄です。

なぜかと言えば、AとBについて情報を集め、集中して考えても結論が出ないということは、AとBとの間にはそれほどの差がないということです。つまり、どちらに決めても大した違いはないということ。

「大事な決断をあみだくじやコインに委ねるのは不謹慎だ」などと考える人は、「時間は有限である」という感覚が乏しいのだと思います。

「考えない」ことが役に立つ

僕は、数字やファクトを使って考え、ロジックに基づいて意見を組み立てて、「なるほどこういうことなんだ」と納得してはじめて、知識や経験が自分の血肉になると考えています。

腹に落ちるまで、考えて、考えて、考え抜かなければ、どんなに理解した気分になっても、それは絵に描いた餅でしかありません。

一方で、「深く考えずに見切りをつけてしまう」ことも多々あります。

考えたほうが早く正しく決断できるのであれば、徹底して考えたほうがいい。けれど、考えてもしかたがないことは考えないほうがむしろ合理的なのです。

以前、エコノミスト懇談会に出席した際、ひとりの記者から、「来年はどんな1年になると思いますか?」という質問を受けたことがあります。

僕は、正直にこう答えました。

「そんなことは、わかりません」

先行きは誰にもわかりません。毎年新年になると、著名なエコノミストの皆さんが、「今年はこうなる」などと予想しますが、そのほとんどが外れているのではないでしょうか。たとえば、アメリカのトランプ大統領と北朝鮮の金委員長の会談を誰が予想したでしょうか。当たっているケースは、「低成長が続きます」などといった抽象的な表現をした人であり、それはエコノミストでなくても、誰でもわかることです。

優秀なエコノミストでさえ、1年先の経済、為替、株価などを正しく読むことはできないのですから、僕にわかるわけがありません。だとすれば、そんな砂上《さじょう》の楼閣《ろうかく》にエネルギーを使うのは時間の無駄ではないでしょうか。

考えてもわからないことを考えるより、歴史を勉強するほうが役に立つ

IMFの『World Economic Outlook』（ワールド・エコノミック・アウトルック／世界経済見通し）に、「今年のアメリカは3％成長、ヨーロッパは2％成長、日本は1％成長、世界全体で4％成長」と記されているのなら、「来年は、そうなるかもしれないんだな」と**仮**

置きしておくだけで十分です。

10年先、20年先、100年先のことなど誰にもわかりません。それはもう人智を超えたところにあるので、そんなことを考えてもしかたがないと思います。

僕はダーウィニストですから、「将来何が起こるかは誰にもわからない。人間にできることは、運（適当なときに適当な場所にいること）と適応だけ」と心底思っています。わからないことをあれこれと詮索《せんさく》するよりも、過去の教材（歴史）を勉強するほうがはるかに性に合っています。そのほうが適応力が増すのではないでしょうか。

同様に「AIでなくなる仕事は何か」などと思い悩む時間があるのなら、目先の仕事を早く切り上げるように工夫を重ねたり、自分の好きなことに打ち込んだりするほうが、はるかに人生は楽しいのではないでしょうか。

モチベーションが続かないのは、「腹落ち」するまで考えていないから

「行動力」に必要な2つのこと

僕は、以前『PRESIDENT Online』（プレジデントオンライン）に、「悩み事の出口」という一般の方の悩みに僕なりの答えをお伝えする連載を持っていました。

あるとき、この連載に、次のような相談が舞い込みました。

「仕事力アップのために勉強したいと思っているのですが、すぐに挫折してしまい、モチベーションが続きません。どうすればモチベーションが続きますか？」

モチベーションが続かない理由は、おもに2つあると思います。

①好きではない
②腹落ちしていない

嫌いなことを勉強しようと思っても、長くは続きません。しかし、**好きなことなら熱中できる**はずです。

たとえば、学生時代にクラブ活動でレギュラー選手に選ばれた人の多くは、「頑張って練習を続けた人」です。練習を続けられたのは、そのスポーツが好きだからであって、「好きこそものの上手なれ」の典型です。

仕事でも勉強でも、**それほど好きではないことを続ける必要がある場合は、「腹落ち感」が原動力になります。**

「腹落ち（腹に落ちる）」とは、**「本当に納得すること」「心の底から合点がいくこと」**です。腹の中にしっかりと収まり、違和感もなく落ち着く状態を指しています。

たとえば、「将来、結婚したい」と思っている恋人がいたとします。ですが、両親は「そんな相手と結婚するのは許さない！」と大反対しています。

「大好きな相手と別れるか」、それとも「親の反対を押し切ってでも、恋人と一緒になるか」の選択を迫られたとき、多くの人は「恋人」を選ぼうとするのではないでしょうか。

なぜなら、**「自分の両親よりも、恋人のほうが大事」だということが腹に落ちているから**です。腹落ち感があるからこそ、「親と縁を切る」という極端な選択ができるわけです。

行動力の源泉になるのは、責任感や義務感以上に、腹落ち感だと思います。

考えを言語化すると、要点が整理される

ライフネット生命の立ち上げに際し、「会社の認知度を上げるにはどうしたらいいか」「後ろ盾も何もないライフネット生命を多くの人に知ってもらい、信頼してもらうためには、何をなすべきか」をいろいろな方に聞いて回ったことがあります。

そのとき、「さわかみ投信」の澤《さわ》上《かみ》篤《あつ》人《と》社長（現・会長）から、次のようなアドバイスをいただきました。

「僕がやっているように、本を出し、辻説法《つじせっぽう》を重ねたらどうですか。10年も続ければ、それなりのブランドができると思います」。

澤上社長に、「私は1年間に300回くらい講演をしています」と言われて、僕は、腹落ちしました。

一般的に、生命保険会社のトップは、ほぼ毎日、取引先と会食をしたり支店を回ったりしています。週末は、取引先などとのゴルフです。**「会食や支店回り、ゴルフの代わりに講演を行う」と考えれば、時間の使い方はほかの生保トップと何も変わりません。**したがって、「1年間に300回の講演も可能」だとわかったのです。

僕が本を出すのも、連載コラムを持つのも、講演に出向くのも、すべて、ライフネット生命（現在はAPU）の認知度と信頼度を高めるために必要だと思ったからであり、「ライフネット生命（APU）のことを知ってもらうには、自分で発信するしかない」と腹落ちしていたからです。

このように腹落ちしたことをきちんと自分で「言語化」すれば、要点が整理されて行動しやすくなるのです。僕の行動力の源泉は「腹落ちしているから」です。

ルールに従えば、自動的、機械的に行動できる

マイルールを決めると、「悩む」ことがなくなる

以前、日本生命時代の僕を知る友人から、次のようなことを言われました。

「還暦ベンチャーをはじめてからの出口さんは、人間ができた。成長した」

その理由を聞いてみると、

「当時の出口さんは、部下を呼び捨てにしていた。けれど、日本生命を辞めてからの出口さんは、相手が年下であっても、『さん付け』『君付け』で呼んでいる」

と言うのです。

僕は、「そう周囲に見えているのなら、別に否定しなくてもいいかな」と思って黙って聞

いていましたが、実際には、成長したわけではありません。ルールに従って行動しているだけです。

日本生命は、典型的な年功序列社会で、入社年次が上の人には「さん」を付け、下の人は呼び捨てにするのが慣習（ルール）でした。一方で、ライフネット生命やAPUは年功序列社会ではありませんから、「年齢や入社年次に関係なく『さん付け』『君付け』で呼ぼう」と自分でルールを決めた。僕は、ルール通りに呼んでいるだけです。

僕は、元来、ものぐさな人間です。個々の事柄についていちいち考えるのは面倒ですから、自分の行動基準をあらかじめルール化して、機械的、自動的に行動するようにしています。たとえば、

- 毎朝新聞を3紙読む
- どんなに疲れていても、就寝前に1時間は本を読む
- APUの広報活動の一環として、出版や講演、取材などの依頼には、スケジュールの許すかぎり対応する（ただし現実的には、別府に住んでいるため、大分・九州以外の講演

はお断りする場合がどうしても多くなりがちです）
- 書評や帯（本の推薦文）は、お断りする（＝自分が読んで「おもしろかった」と得心した本だけを書評などで紹介する）
- 買うか買わないか迷ったときは、海外にいれば「買う」、国内なら「買わない」
- 飛行機に乗るときは、できるかぎり「前方の通路側」の席を予約する（せっかちなので早く機内から出たい）
- 面談の時間は原則30分、会議の時間は原則1時間
- 大事な会議の席次は、くじ引きで決める

などといったルールをあらかじめ定めておけば、それに従って行動すればいいだけなので、いちいち「この場合はどうしようか」などと思い悩む必要がありません。

ルール化のメリットは、次の通りだと考えています。

判断の省力化ができる

ルールに適合するかどうかだけが、「やるか、やらないか」の唯一の判断基準なので、考

える時間とエネルギーを省略できます。

時間とエネルギーを省略できれば、その分、やるべきことに全力で取り組むことができます。ルールそのものを撤廃する以外は、すべて全力でやり遂げるのが僕の信条です。なぜなら、**人生のほとんどは、一期一会**ですから。

また、ルール化すれば、**僕だけではなく、周囲のスタッフの省力化にもつながります。**

たとえば、僕のスケジュールは常にオープンになっていて、「空いていれば、秘書に言ってどんなアポでも入れていい」というルールにしています。こうしておけば、ＡＰＵのスタッフは個別案件ごとに僕の許可を取る必要がなくなります。

拙著『「働き方」の教科書』（新潮社）の文庫化記念イベントに登壇したとき、「出口さんが時間管理で気をつけていることは何ですか？」という質問を受けたので、「僕のスケジュールは、いつもオープンにしています。そして、『誰でも、空いていれば秘書に言って予定を入れていい。その通りやるから』というルールを決めています。たとえば、取材のオファーをいただいたときは、基本的にスケジュールが空いていれば、いちいち僕に確認せず、『お受けします』と、まず『イエス』の返事ができる。このほうがラクなんです。軽重判断などは一切しなくていいので」

と答えました。

学長はAPUのために働くのが仕事なので、僕のスケジュールはAPUが大好きなスタッフ皆に決めてもらう。僕はその通り行動する。そして、予定がいっぱいになったらおしまい。このほうが公平ですし、無駄を省くことができます。

気づかないうちに、大きな成果を得ることができる

ルールに従って行動していると、やがてそれが生活習慣になります。**習慣による日々の蓄積も、ルール化の効用**のひとつです。

たとえば僕の場合、「就寝前に1時間本を読む」というルールを若いころから実践しているため、これまでに読んだ本はおそらく1万冊を超えていると思います。**この1万冊が、僕の血肉**になっているのです。

ルールを決めたら「例外」は一切認めない

ルール化するときのポイントは、「例外をつくらないこと」です。

僕が「空いていれば、誰でも勝手にアポを入れていい」というルールを決めておきながら、気まぐれで受けたり受けなかったりすると、APUのスタッフはきっと混乱するでしょう。「確実に受けてくれるかどうかわからないから、個別に確認しないと安心できない」と思うようになって、ルール化の意味がなくなります。

「出口さんが例外なくルールを守れるのは、自分に厳しいからではないですか？」と聞かれることもあるのですが、そうではありません。

ルールを守れるのも、例外を認めないのも、**「腹落ちするまで考えた上で決めたルール」**だからです。自分が心から納得して、「そうしよう」と決めさえすれば、**誰でもルールを守れる**のではないでしょうか。

マイルールをつくるときは、数字とファクトとロジックで、腹落ちするまで考えてから決めることが大切です。

腹落ちした以上は、全力投球する

ルールを決めたら、あとは「オール・オア・ナッシング」

以前、「出口さんは、週末も休みなく講演などをされていますが、休みもなく働けるモチベーションは何ですか？」と聞かれたことがあります。

正直なところ、モチベーションが高いから仕事をしているわけではありません。

では、モチベーションが高くないのにどうして休みなく仕事をしているのかといえば、**「日本はもちろん、世界中の人にＡＰＵのことを知ってもらおう」という目標が腹落ちしているから**です。

「未来食堂」の店主、小林せかいさんと対談をしたとき、「出口さんは何回も講演されたり、いろいろなところでお話しされたりしていますが、しんどくありませんか？」と質問されました。

そのとき僕は、「話している相手がすべて違うので、まったく嫌ではありません。いつも楽しいです」と答えました。

同じようなことを話してしんどいと思うのは、自分を基準に考えているからです。聴衆が違えば、**すべてが一期一会**です。考えてみると、まったく同じメンバーに対して講演をすることは、おそらく一生で二度とありません。そう思えば、自然と**「この1時間半、集中力を高めて一所懸命やろう」**という気持ちになります。

僕は、自分で決めたルール（マイルール）に従って行動できるタイプです。

マイルールは自分が腹落ちして決めているのですから、後はそのルールを守って、行動すればいいだけの話です。

いい加減にやったら自己嫌悪に陥るし、参加者の皆さんの時間も無駄にします。「やる」と決めた以上は、集中力を高めて全力投球する。

「土曜日の午前中は東京、午後は大阪、翌日の日曜日は名古屋で講演の予定が入っている」のなら、行くしかない。行った以上は、全力でやるしかない。

全力投球する体力や気力が続かないのであれば、仕事を辞めることを考えればいい。

人生、すべて**「オール・オア・ナッシング」**です。

腹落ちするまで考えると、自己暗示がかかる

自己暗示をかけると、どんな局面でも楽しめる

義務感が強すぎると、遊び心が消えてしまいます。責任感が強すぎると、「もっと頑張らなければいけない」などと、追い込まれてしまいます。ですが、それをしなければいけない理由に納得し、腹落ちしていれば、「好きだ」「嫌いだ」という以前に、「自分でやると決めたのだから、一所懸命やろう」とごく自然に思えるのではないでしょうか。

僕が新入社員のころは、コピー1枚取るときも、「このコピーは誰が見るもので、どんな役割を果たすのか」「この作業に上司は何を望んでいるのか」を考えていましたし、「1日

の大半を会社で過ごすのだから、楽しくしなくては損だ」と腹落ちしていたので、社会人になってから今日に至るまで、楽しくなかった日は1日もありません。これは、僕のほぼ唯一の自慢です。

僕の場合は、「これは自分で決めた自分の仕事である。だから一所懸命やらなければならない」と**腹落ちすると、自己暗示がかかりやすくなります。**

僕は、あまりお酒に強いほうではありません。プライベートでお酒を飲むと、2、3杯で酔いが回ってしまいます。

それなのに、MOF担時代は、毎日毎晩、どれほど飲んでも、一度も酔ったことがありません。「これは仕事だ。仕事で酔っぱらうとかっこ悪い」と思って酒席に参加していたからにちがいありません。

僕が日本生命に在籍していたとき、女子卓球部が全国優勝を果たしたことがありました。卓球部には中国人選手がいたので、中国の彼女の出身地で凱旋式を行うことになったのですが、事情があって卓球部長が訪中できないことになり、国際業務部長の僕が代わりに選手を引率しました。

現地では、盛大な歓迎会が行われました。

中国の酒席で欠かせないのが、「白酒《パイチュウ》」（中国の穀物を原料とする蒸留酒。20世紀の白酒は、アルコール度数は50度以上）です。

現地の人も、僕も、白酒を一気飲みしました。3時間ほど飲み続けたでしょうか。それでも僕は、酔うことはありませんでした。締めの挨拶を飾ることもできました。

ところが、ホテルに戻ってサウナに入った瞬間に、気が緩んで倒れてしまったのです。「仕事」からプライベートに切り替わった途端に自己暗示が解けてしまったのでしょう。

他人に宣言すると自己暗示につながりやすい

他人に宣言するのも、自己暗示につながります。紙に書いて貼ったり、フェイスブックやツイッターに投稿すると、自分の思いが言語化されるので、腹落ちしやすくなります。

僕は、リーダーのもっとも重要な役割の1つは、「スタッフにとって、元気で、明るく、楽しい職場をつくること」だと考えています。上司の存在が労働条件の100%なので、上司が難しい顔をしていると職場が楽しくなるはずがありません。

若いころ、僕が課長になったとき、課の運営方針として、「元気に、明るく、楽しく」と紙に書いて、貼り出したことがありました。「元気で明るく楽しく仕事をすることが、ビジネスのすべてである」と**自分に再度言い聞かせることで、腹落ちすることができた**のです。

元気で明るく楽しい職場こそが、イノベーションを生み出す前提条件です。組織として生産性を上げていこうと思ったら、「元気に、明るく、楽しく」以外に道はありません。

普段なかなか行動に移せないと思い悩んでいる人は、**自分の状況や思い、感情を言語化**してみるといいでしょう。

動物行動学者の岡《おか》ノ《の》谷《や》一《かず》夫《お》先生に、「言語はコミュニケーションからはじまったのではなく、考えるツールとしてはじまった」とうかがったことがあります。「脳がある程度発達し、考えるツールがほしくなった。それが言語である」というのです。

自分の考えを整理できないときは、ノートや紙に書き出したり、人に話してみる。

そうすると要点が整理されるので、自分の課題を腹落ちするまで考えることができると思います。

第3章

最小の労力で最大の成果を上げる「インプットとアウトプットの技術」

考える力が育つ「情報収集」の技術

「新聞」を複数紙読むと、考えるヒントが見つかる

1972年、大学を卒業して社会人になったとき、先輩から、

「社会人とは何か？」

という謎をかけられました。突然のことで答えられずにいると、

「毎朝、新聞を複数紙読んでから出社する人間のことだ」

と畳みかけられました。僕が、

「何紙も読んだら、お金がかかるじゃないですか」

と口答えすると、

「バカ、そのために会社は給与を支払っているんだ！」

と叱られてしまいました。

それから先輩に倣《なら》って新聞を読みはじめ、今では、朝6時に起床したら新聞を複数紙読むのが、歯磨きと同じように習慣になっています。

実は、**「僕の情報源のほとんどは新聞である」と言っても決して過言ではありません。**日本生命でロンドンの現地法人の社長や国際業務部長を務めていたときは英字新聞も読んでいましたが、現在は海外の仕事は少ないため、国内主要3紙「読売新聞」「朝日新聞」「日本経済新聞」を読んでいます。

新聞は、昨日、世界で起こった出来事に価値の序列をつけて、重要度に応じて紙面上の扱いを決めています。

「世界ではいろいろな出来事がありましたが、大事なのはこのニュースですよ」と**価値の序列をつけて、並び替えて、一覧にするのが新聞の役割**です。新聞を読めば、世界で何が起きていて、どのニュースが大事なのかがひと目でわかります。

僕が新聞を3紙読んでいるのは、各紙によって価値の序列が違うからです。

3紙を読み比べてみると、トップ記事が異なっていたり、同じ事件でも扱い方が180度異なることがわかります。**各紙の違いが思考のヒント**になり、「なぜ、こういう序列になっているのか」を考えると、脳に刺激が生まれます。

各紙の見出しは、大きくても小さくても、すべてに目を通し、興味のある記事なら、本文を読み進めます。

新聞を読んでいると、「ここは、どういうことだろう?」「このことについて、もう少し知りたい」と疑問や興味を抱くことがあります。

腹落ちしないまま見過ごすのは気持ちが悪いので、わからないことがあったら、インターネットを使って周辺のニュースを検索したりしています。

新聞、インターネット、本を使い分ける

僕にとってインターネットは、辞書や百科事典の代わりです。

僕の若いころは、インターネットが普及していなかったので、わからないことがあると

図書館に出向いて、百科事典で調べていました。

「ウィキペディア」などのインターネット百科事典は、誰もが自由に編集できるため精度を疑問視する意見があります。

僕の実感では、ウィキペディアの精度は、（紙の）百科事典と遜色ないと思います。とはいえ、正確性の乏しい情報も含まれているため、信頼できるソースを見極める賢さが必要です。出所が国際機関などのデータであれば、まず信用していいでしょう。

新聞とインターネットを使えば、物事の概要をつかむことが可能です。しかし、この2つだけでは、全体的な知識を体系的に学ぶことはできません。

したがって、あるジャンルについて体系的に勉強するときは、本を活用しています。

本は、時間軸と空間軸の視野が圧倒的に広いため、自分の知りたいテーマについて、漏れなく、整合的に理解できます。

つまり僕は、次のように各メディアを使い分けています。

- **「新聞」を読んで直近の情報を得る**
- **わからないことがあれば、「インターネット」で検索する（＝辞書を引く）**
- **情報の全体像を知りたいときは、「本」を活用する**

新聞も、インターネットも、本も、文字による「読むメディア」ですが、役割はそれぞれ違うので、特性ごとに使い分けています。

仕事がうまくいかないのは、インプットの量が少ないから

わからないことは、腹落ちするまで調べる

数字、ファクト、ロジックで考えるためには、正確なデータが必要です。僕は日本生命時代から、正確なデータを入手したいとき、あるいは、データの読み方がわからないときは、中央官庁や日本銀行に電話をかけて、「○○○に関するデータがあれば、教えていただきたいのですが……」「こういうデータを見たのですが、この部分はどう理解したらいいいんですか？」などと、問い合わせた経験が多々あります。

「役所は対応が悪い」と思っている人も多いようですが、実際はとても良心的です。市民の「知る権利」を守ろうという思いがあるのではないでしょうか。「教えてください」と電

話をかけて、不愉快な思いをしたことは一度もありません。

僕は昔から、「わからないことは、そのままにしない。腹落ちするまで、調べよう」という気持ちを持っています。

以前、講演会で、次のような話をしたときのことです。


「日本は経済大国でありながら、アメリカやヨーロッパの先進国と比べると、著しく遅れているものが3つあります。

ひとつ目は、女性の地位です。世界各国の男女平等の度合いを指数化した2017年版『ジェンダー・ギャップ指数』(世界経済フォーラム)で、日本の順位は調査対象144ヵ国のうち114位でした。主因は女性の政治参画の遅れです。

2つ目は、消費者団体です。ヨーロッパの消費者団体は、体制や財政面でも、日本の消費者団体に比較すると、とても大きな力を持っています。

3つ目は、NPOやNGO(非営利で公共の利益を目的にして活動を行っている団体)です。NPOやNGOの世界ランキング・トップ100の中に、日本の団体は1つも含まれていません」

すると、参加者のひとりから、次のような質問が挙がりました。

「男女平等ランキングで144ヵ国中114位という結果だったのは私も知っています。消費者団体の地位が弱いのも理解ができます。ですが、『日本のNPO、NGO団体が100位以内に入っていない』という根拠やデータはどこにあるのでしょうか？」

僕は、この質問にすぐに答えることができませんでした。なぜなら、NPO、NGO団体の世界ランキングについては、知人からの伝聞だったからです。

知人は信頼できる人物なので、彼が嘘をついていないことはわかります。ですが、「たしかに、自分で数字を確認したことはないな」と思い、後日、中央官庁に電話をかけて問い合わせたことがありました（その後、2012年に、スイスとアメリカに拠点を置く『グローバル・ジャーナル』誌が、世界のNGOの評価を行い『The Top 100 Best NGOs』を発表していたことがわかりました）。

「アイデアが天から降ってくる」ことはありえない

「新しい企画を考えなければいけないが、なかなか思いつかない」「決断を迫られても、とっさに決めることができない。つい先延ばしにしてしまう」「論理的に考えたり、話したりするのが苦手」といった悩みがあるとしたら、その主因はおそらく**「インプットの絶対量が少ない」**からです。**仕事が思うようにいかないのは、たいていの場合、インプット不足に原因がある**と言っていいと思います。

「アイデアが降りてきた」とか、「天啓がひらめいた」と言う人がいますが、自分の脳に格納されていたもの（意識していなかったもの）が、何かの拍子に顕在化したというだけのことでしょう。宇宙や異次元からの発信を脳がキャッチしたわけではありません。

インプットの絶対量が足りなければ、判断の精度は高まらないし、発想の幅も広がりません。

わからないことはそのままにしないで、納得するまで調べる。

そうすることで、確度の高い情報や検証可能なデータをインプットすることができます。

インプットの量を増やすのは、質の高いアウトプットを行うため

若いころの僕が「異端」と言われた理由

社員が仕事を溜め込まず、どんどんアウトプットする会社は、健全だと思います。

日本生命に入社して3年目のとき、一緒に飲みに行った先輩に、「おまえは異端だ」と言われたことがありました。僕は、自分のことを「それなりに仕事に必要な勉強もしているし、期間内に成果も上げているし、むしろ正統な日本生命の社員である」と思っていたので、先輩に理由を聞くと、次のように言われました。

「おまえは何でも自分で決めている。この会社の伝統は、自分では何も決めないことだ。だからおまえは異端なんだ」

「自分では何も決めないこと＝伝統」「自分で何でも決めること＝異端」であるのなら、たしかに僕は異端でした。

- **仕事を溜め込まない**
- **先輩の指示をいちいち待たない**
- **自分でどんどん仕事を決めて、形にする**
- **さっさと片付けて、次に渡す**

これが僕の仕事のやり方でした。このようなやり方をしていたのは、**「仕事とは、どんどんアウトプットすること」**だと考えていたからです。

僕は、中途半端な理解のままでは行動できないタイプです。新人時代は上司に、「この仕事は、何のためにやるのですか」「これは、なぜ、僕がやるのですか」と、**「なぜですか？」を連発**していました。

ですが、「なぜ僕がやるのか」という仕事の目的が腹落ちさえすれば、あとは、「この仕事をもっと効率的に、そしてもっとおもしろくして楽しいものにするには、どうしたらいいか」を自分で考えるタイプでもありました。求められているアウトプットが理解できれば、あとは自分の頭で考えればいいだけです。それは、とても楽しいことでした。

生産性を上げるには、すぐにアウトプットする

いくらインプットの量が多くても、いくら情報をたくさんかき集めても、いくら知識を膨大に溜め込んでも、何らかのアウトプットを出さなければ、意味がないと思います。

僕が入社した大企業は、指示待ちの会社でした。仕事は上司が持ってくる。持ってきた仕事は上司が「出せ」と催促するまで出さない。出すときは、上司が望む形で出す。極論すれば上司から「出せ」と言われなければ、仕事のアウトプットをしなくてもいい職場だったのです。でも、僕は溜め込むことができない性格だったので、できたらすぐに提出していました。

未決の仕事があっても、戦後の日本経済は平均して年率7％程度の成長をしていたので、利益を上げることができました。しかし、**今は時代が違います。仕事を溜め込まず、どんどんアウトプットしなければ、生産性を上げることはできません。**

僕は子どものころ、サッカーが大好きでした。シュートが入ると、女子生徒が「カッコイイ!」と叫んでくれるのが嬉しくて(笑)、ひたすらゴール前に張り付いていました。

サッカーで大事なのは、瞬時の決断力だと思います。味方からボールを受け取ったとき、選択肢は次の3つしかありません。「パスを出す」「ドリブルをする」「シュートを打つ」。

どのアクションを選ぶにせよ、瞬時に決断して、瞬時に行動しなければ、あっという間に敵にボールを奪われてしまいます。つまり、サッカーの試合では、ボールを受け取ったら、すぐに「アウトプット」しなければならないのです。

ボールを渡されたあと(インプットしたあと)、動きを止めて考えている(仕事を溜め込む)ようでは、勝利に貢献することはできません。

インプットの量を増やすのは、アウトプットをするためです。「ただ勉強しているだけ」では、意味がありません。インプットしたら、仕事を任されたら、何かを勉強したら……、すぐにアウトプットする。成果を出す。結果を出す。**アウトプットの回数を増やせば、パスも、ドリブルも、シュートも、そしてどんな仕事も、必ず上達する**と思います。

最小の労力で「アウトプット」が最大化する習慣

アウトプットで、「記憶力」がよくなる

以前、脳研究者で東京大学薬学部教授の池《いけ》谷《がや》裕《ゆう》二《じ》先生と対談したことがあります。僕が、

「最近よく、物忘れをします。この前の講演会でも、『ライス元国務長官』の名前が出てきませんでした。どうすれば忘れないようにできるのでしょう？」

とたずねると、先生は、次のようなアドバイスをくださいました。

「忘れないためには、思い出す訓練をすることに尽きます」

「記憶力」は、詰め込むもの、覚えるもの、入力するものではなくて、出力しないと鍛えられないそうです。

つまり、**インプットよりアウトプット**です。

インプットした情報を、意識の部分で取り出すには、マザータング（母国語）に直してアウトプットすることです。

タンスや机の引き出しを一度も整理したことがない人はいないと思います。整理をするのは、しまってあるものを取り出しやすくするためです。

人間も同じで、インプットした情報をアウトプットするには、頭の中を整理する必要があります。

考えは「言語」によって整理される

頭の中を整理する方法は、何より「自分の言葉に直すこと」です。人間は、言語を通してしか、自分の考えを整理することができません。言語化する方法は、2つあります。

①人に話す
②文章に書いて人に見せる

①人に話す

おもしろいことがあったら、近くの人を捕まえて、しゃべるのが一番です。

僕は、本だけではなく映画も大好きなのですが、思い返してみると、部屋で**「ひとりで観たビデオ」はほとんど覚えていません。**でも、**友だちと一緒に映画館を出たあと、喫茶店で内容について感想を述べ合った映画は、今でもはっきりと覚えています。**

感動の直後に自分の思いや感情を言語化したことで、思考が整理されて知識が定着したのでしょう。

ある大手総合商社のトップは、知りたいことがあると、専門家を探してすぐに会いに行くそうです。

そして、会社に戻ると秘書を捕まえて、聞いてきた内容をひと通りしゃべり続けるといいます。何かを知りたいと思ったら一番詳しい人にすぐに話を聞きに行き、インプットしたら周囲に喋って頭の中を整理する。これこそ、最高の勉強方法だと思います。

②文章に書いて人に見せる

ある大学のイベントで、「人に話すことで考えが整理される」と話したら、学生のひとりから、

「友だちがいない僕は、どうしたらいいですか？」

と、うぶな質問をもらったことがあります。

僕は、次のように答えました。

「書くことでも自分の頭が整理されるので、友だちができるまでは、ツイッター、ブログ、フェイスブックなどに書いて発信したらどうですか。ただし、日記はおすすめしませんが」

日記はそもそも「自分しか読まない」ことが前提なので、あまり整理されないまま書いてしまうことがよくあります。

ですが、ツイッター、ブログ、フェイスブックなどのＳＮＳは、「人が読む」ことが前提

のツールです。そのため、**「読んだ人にわかってもらおう」という意識が働いて、考えが整理される**ようになります。

僕は、管理者になってからは、部下にアウトプットの機会を強制的に与えるように心がけていました。なかでも**「書く機会」**を大切にしていました。僕自身、**書くことで自分の頭の中が整理され、仕事の質が高まる**ことを実感していたためです。

具体的には、生命保険業界の学術論文誌の事務局に頼んで掲載枠（年6回）をもらい、よく部下に論文を書かせていました。

「論文を書け」と口で言うだけでは、誰も書きません。そこで、あみだくじをつくって部下に引かせて、書く順番を決めました。

なかには、「忙しくて論文を書いている時間がない」と反発する部下もいたので、そんなときは、「論文を書くのは一石三鳥なんだ」と説きました。

「1つ目は、原稿料が出る。2つ目は、論文を書くと賢くなる。3つ目は、論文が賞を取れば業界で有名になれるし、社内の評価も高くなる。僕が責任を持ってサポートするから書いてみてはどうか」

と話すと、たいていの部下は納得してくれました。

アウトプットのための強制的な仕組みでしたが、原稿が学術論文誌に載ったり賞を取ったりすることで、部下は、大きな自信を身につけたと思います。

生命保険業界の学術論文誌の読者は同業者ですから、いい加減な内容でお茶を濁《にご》すわけにはいきません。締め切りのあるまとまった量の課題に対し、**ある程度の質のアウトプットを続けると、人の実力は格段に上がる**のです。

漫画家で文筆家のヤマザキマリさんが著書『男性論 ECCE HOMO』（文藝春秋）の中で、「さまざまな行動によって得た知識や経験に基づいた、想像力のよすがとなる自分オリジナルの辞書をつくっておけば、それが思いがけない方向から自分を助け、新たな展開を生む軸を生み出してくれるはず」

と書いていましたが、僕も100％同感です。

インプットした情報を自分の言葉で置き換える（＝自分オリジナルの辞書をつくる）ようにすると、思考の軸ができるようになります。

影響力を高める「スピード仕事術」とは？

スピードこそ、極めて重要な経営資源

僕は、仕事のスピードを何よりも大切にしています。

若いころは、部下に「難易度の低いレポートなら、遅くとも2、3時間で出すように」と指示していました。「2、3時間で出してこなければ、GA（ジー・エー）だから」と釘を刺しておくと、部下は集中して仕事をします。

「GA」というのは、僕のデタラメな和製英語で、「グレート・アングリー（Great Angry）」、つまり、「激怒」という意味です（笑）。

「仕事が立て込んでいて、2、3時間ではできません」と泣きを入れてくる部下には、

「しかたない。じゃあ、『TMFT（ティー・エム・エフ・ティー）』で」

と言っていました。

「TMFT」も僕の造語。「トゥモロー・モーニング・ファースト・シング（Tomorrow Morning First Thing）」の略です。ようするに「明日の朝一番」ということです。

レポートが提出され、僕が読み終えるころには、部下はデスクにいません。僕の部下は賢いので、レポートを提出するとすぐに、蜘蛛《くも》の子を散らすようにいなくなります。レポートのデキが悪ければ、僕に「GA！」と言われるのがわかっているからです。

あるとき、僕がレポートに「このページはGAやで！」と赤ペンで書き込んで、部下のデスクに戻しておいたことがあります。するとちょうど役員が通りかかって、

「GA？　出口君、これはどういう意味かな？」

と聞かれたので、

「ちょっと不デキなところをチェックしているんです」

と言って、ごまかしたことがありました（笑）。

僕が、「2、3時間でレポートを出してこなければ、GAだから」と部下にスピードを求

めたのは、**スピードこそが、極めて重要な経営資源**だと思っていたからです。

僕は、「小さなことでも、どうするかをすぐに決めて早く行動を起こす」ことがとても大事だと思っています。

意思決定のスピードを上げると、単位時間内にできることが増えていくため、生産性が上がります。判断に**迷っている場合は「仮決め」**でいいから、とにかく**いったん結論を出すことが重要**です。

ゼロから考えて、新しい価値を生み出す時代では、猛スピードでラン&テスト、すなわち試行錯誤を繰り返すことが重要です。

何もしないで**グズグズしているより、早く決めて実行に移したほうが物事はまちがいなくいい方向に進みます。**

「影響力＝仕事量（アウトプット）×スピード（時間）」

仕事（アウトプット）は、上司を含めて相手にインパクトを与えることが求められます。

相手に与えるインパクト（＝影響力）を大きく、強くするには、スピードを上げることです。**スピードは、その人の生産性を決定づける重要な要因**です。

物理の法則で考えると、運動エネルギーは、「質量×スピード」で決まります。重いものが速いスピードでぶつかると、大きな衝撃になる。この法則は、仕事にもそのまま当てはまります。

質量を人間の能力に置き換えた場合、能力が上がれば衝撃力も上がりますが、残念ながら人間の能力にはそれほど大差はない。能力（質量）に差がないのなら、スピードを上げるしかありません。

同じ量の仕事、あるいは、同じ能力であるならば、スピードが速ければ速いほど、相手に与えるインパクトは大きくなります。**「インパクト（＝影響力）＝仕事量（アウトプット）×スピード（時間）」**です。

「1週間後に100点の仕事を提出する」よりも、「70点でいいから、明日提出する」ほうが、相手に与える影響力は大きくなります。

人間にとって、もっとも貴重な資源は、時間です。それなのに、**「時間は有限な資源である」と認識している人がとても少ない**気がしています。

世の中のすべてのビジネスは、時間との競争です。だから僕は、スピードを重視しています。**歴史上、衰退した国は、決して改革を怠っていたわけではありません。改革のスピードが市場（世界）のスピードより劣っていたがゆえに衰退していった**のです。

ＡＰＵの西村啓一（学長室／課長補佐、秘書・社会連携）は、僕のスケジュールを、すべて30分刻みで管理しています。

「これまでの学長の打ち合わせや会議などは、『1件1時間』で組んでいましたが、出口さんから『1件あたりの打ち合わせなどは30分で十分だ』と申し出がありました。

また、講演会などで出張も多い出口さんには、僕たち（秘書）が『指示書』というものを作成して渡して、現地で無駄なく行動してもらえるようにしています。指示書には、出張中の移動を伴う案件や講演会などの概要、会場場所への移動方法を地図などと一緒に記載しています。講演会や訪問先などへの到着時刻は5分から10分前に設定してあり、事前の打ち合わせや、そこで落ち着いてお茶をいただく時間を省く代わりに他の予定を入れます。講演会先での電車経路は、会場にスムーズに移動するために乗車する車両や一番近い駅の出口を記載しています。また、出口さんは歩くスピードも速くて、階段も2段飛ばしで進みます（笑）。

余談ですが、『指示書』はもともと、ライフネット生命時代の秘書の方が、一日に2、3件にわたる地方講演などの旅程をわかりやすく示したものだったようです。それを、ある日、出口さんが『指示書』と呼んで、『僕は秘書の指示通りしているだけだ』と、役職名は機能であると、メディアの方などにお話ししたことから、『指示書』という名前が定着したそうです。出口さんは、常に時間を効率的に最大限に使うことを実践しています」（西村啓二）

APUの特徴の1つは、意思決定が早いこと

立命館学園（立命館大学、立命館アジア太平洋大学、4つの附属中学校・高等学校、小学校を含めた総合学園。いわば持株会社です）では、1980年代から「教職協働」という表現を使っていますが、その意味するところは職員の立場からも教育現場の改革・改善に取り組むことが可能だということです。特にAPUでは、新しい大学の形を創っていこうという意識が強く働いています。

たとえば、日本語と英語による2言語の教育システムやカリキュラム、入学時から進路を意識したキャリア形成プログラムなどの教育課程の具体化は、教員と職員の双方が知恵を出し合って決めています。

APUの村上健（事務局長）は、「APUは物事を決めるプロセスにおいて職員の関わる範囲が広く、他の大学に比べて、意思決定が早い」と感じています。

「たとえば、海外の学生募集で出張に行くようなとき、旧態依然とした大学ですと、承認を得るまでに時間がかかります。

下位者からの決裁依頼が上位者に提出され、当該上位者が決裁したあと、さらに上位の決裁者の決裁を受け、さらに上位の決裁者に回り……と、多段階の決裁が必要だからです。けれどAPUは、『1週間後にカンボジアに行く』という案件も課長の判断で基本的にOKですから、スピード感や機動力がすごくあります。職員が東アジアだけでなく、南アジア・アフリカ・中南米にまで学生募集に出かけていき、ネットワークを創っています。

一般的に、大学という場所は議論が多く、『会議をいくつもやる』という仕組みができてしまっています。けれど、ＡＰＵはシンプルです。会議の階層が少なく、部署ごとの裁量権を明確にしてあるので、物事を早く決定することが可能です。

たとえば、教学の問題であれば教学の部署で決めていき、入学に関することは入学の課や部で決めています。ＡＰＵは、日本の大学の中ではグローバル化の先陣を切っているため、参考にできる前例があまりありません。したがって、課題が次から次に出てくるため、部署の裁量権を強くしていかないと迅速に対応できないわけです。

しかし、すべての会議で効率やスピードを重視しているわけではありません。教育改革などの議論をするときは、ポンポンポンと決めるのではなくて、丁寧に決めていくことが必要です。ただ、ある程度方向性が固まり、仕組みに移していく段階になってからの意思決定は、早いと思います。

ＡＰＵの学長は、これまでにも特徴的な人が多かったのですが、出口さんはビジネスの世界にいらしたので、なかでも、物事の決め方のスピード感が圧倒的に早いです。ＡＰＵは以前から他の大学よりも意思決定のスピードは早いほうですが、それでも出口さんの意思決定の早さには驚かされました。ズバッと本質を言われます」（村上健）

APUの学生から届いた「助けてください」のメッセージ

先日、APUの学生のひとりから、フェイスブックのメッセージが届きました。

「出口学長、助けてください」

「助けてください」とは穏やかではありません。どういうことかと聞くと、「旅費がない」というのです。

彼女が学友2人と食事をしていると、「今、香港の近くの深圳《しんせん》がすごいらしい。深圳に行かないと世の中のことがわからないから、3人で深圳に行こう」と話が盛り上がったそうです。そして彼女たちは、善は急げと、その場で3人分の航空券を予約しました。旅費は、3人で10万円。出発は5日後です。

しかし彼女たちは、航空券の手配をしたあとに、「お金が足りない」ことに気がつきました。そこで、クラウドファンディングでお金を集めようと考えた。けれど彼女たちのフェイスブックではフォロワーが少ないので、「出口学長、助けてください。SNSで拡散してください」という依頼が舞い込んできたのです。

僕は「若いっていいよね」とコメントして拡散し、数日後、彼女に「お金は集まったの?」と聞いたら、「はい、8万円くらいは集まりました。銀行引き落とし日のギリギリまで必死でアルバイトして、残りのお金を集めます。私はスティーブ・ジョブズを超えるので、応援してください」と返事がきました。

お金がないのに、先に航空券を買ってしまうスピード感と情熱は、すばらしい。彼女たちは「ただちに決定して、ただちに行動を起こさなければ、何も変わらない」ということをAPUで学んだのだと思います。

企業でも設備投資を決めたあと、借入にしようか証券を出して市場調達を行おうかと考えるのが普通です。貯蓄の範囲内で設備投資計画を練るのは少数派で、彼女たちのセンスは企業と同じです。

一番身近な「なりたい人」が成長の起爆剤になる

ロールモデルを参考にして、自分の仕事のやり方を見直す

何も考えずに、「入社時と同じこと」「上司から言われたこと」だけをこなしているようでは、人間は成長しません。

仕事における成長とは、「自分の頭で考えて、『無減代（なくす、減らす、代用する）』を実践できるようになること」です。「無減代」を実践すると、時間が捻出でき、本当に大事なことに集中できるようになるため、知的生産性が高まります。

無減代を習慣にするには、「人・本・旅」から刺激を受ける（＝勉強する）必要がありますが、**人間が一番刺激を受けやすいのは、ロールモデル（具体的な行動や考え方の模範と**

なる人物）を真似ることです。

いつの時代も、人が成長するには、ロールモデルが必要です。ロールモデルを見つけ、その人のやり方を参考にすれば、効率的に仕事ができるようになります。

ロールモデルは、憧れの人物でも、歴史上の偉人でも、有名人でも、いろいろなパターンがあっていいと思いますが、僕は、「やれば手の届く、身近なロールモデル」を見つけることが大事だと思います。

教育経済学者の中室牧子《なかむろまきこ》さんと対談したとき、中室さんは、

「イチローに野球の指導をしてもらうよりも、リトルリーグの監督に教えてもらったほうが上手になれる。ちょっと背伸びして、あの人のようになりたいなというロールモデルがいることが大切」

と言っていました。

僕もそうだと思います。ソフトバンクグループ創業者の孫正義《そんまさよし》さんをロールモデルにするよりも、自分の観察できる範囲の中で、「学び取りたい行動ができている人」をお手本に

したほうが具体的です。

歴史を見ていておもしろいのは、「名君の多くは、後継者選びに失敗している」という事実です。中国でいえば、唐の太宗《たいそう》・李世民《りせいみん》。満州族の清朝でいえば、康熙帝《こうきてい》など名だたる名君が失敗しています。

失敗の理由は、父親が偉大すぎて、子どもが「とても勝てない」と力の差を感じてしまったからではないでしょうか。

星取表をつくって、ロールモデルを上回る仕事を考える

僕は、若いころは仕事の参考にするため、先輩を順次ロールモデルにしていました。たとえば「この人はすごい」と思った先輩や上司のやり方を徹底的に研究する。そして、「1年後には、僕のほうが上手に仕事をしてみせる」と決意し、自分なりに「効率よく、しかも、おもしろい仕事のやり方」を考えていました。

ロールモデルの上司を意識して、「星取表《ほしとりひょう》」をつくったことも多々あります。上司から仕事を頼まれると、どんなアウトプットが必要かを考えます。そして報告をするとき、

- **僕が気づいていなかった点を上司から指摘されたとき……上司の勝ち（僕の負け）**
- **上司が気づいていない報告を僕ができたとき……僕の勝ち（上司の負け）**

というマイルールを設けていました。

上司に負けたときは、「もうちょっと深く考えなければいけない」とか、「腹落ちが足りなかったな」などと反省します。

1日に上司との勝負が4、5回はあるので、**「勝ち越し」たときは、帰りに居酒屋**に寄ってお酒を楽しみます。一方で、**「負け越し」たときは、おとなしく帰宅して勉強**しました。負け越しが2日連続で続くと、「気が緩んでいる。気合を入れないと」と自分を引き締める。そんな新人時代でした。

星取表には時間軸も考慮して入れました。勝った回答や報告を短時間で用意できたら、「圧勝」です。どんなすばらしい報告でも、時間がかかっていては、決して優れた仕事とはいえないからです。

時間の感覚を磨きたければ、腕時計は持たないほうがいい

スケジュールは一元管理する

僕は、物事を合理的、実質的に考えるタイプです。形式的なことは大嫌いで、**無意味な形式に時間と労力を割くのは人生の無駄**だと思っています。

個人的な仕事のスタイルも、合理的で実質的です。僕は30歳ごろに、「無駄だ」と思って2つのものを捨てました。

手帳と、**腕時計**です。

それまでは、僕も手帳を使っていました。しかも、コンパクトサイズの手帳（スーツの内ポケットに入れておく）とノート形式のスケジュール帳（会社のデスクに置いていく）を併用していました。

ですが、手帳を2つ使っていると、両方に予定を書き込まなければなりません。あるとき、まちがえて書き写してしまい、ミスを犯したことがあります。

また、当時はこんなこともありました。渉外の仕事をしていたとき、ある銀行の役員から、「急ですが、御社の○○常務と会食をしたいのですが、出口さん、セッティングしていただけませんか？」と打診を受けました。

仕事上の重要な案件だと思ったので、僕は「わかりました」と返事をして、さっそく常務の秘書に「○○銀行の方と会食をしたいので、○月△日の常務の予定を確認してほしい」と問い合わせると、「その日は空いています」と返事が戻ってきました。ところが、秘書はこう続けたのです。

「ですが、常務がお持ちの手帳には予定が入っているかもしれないので、常務に確認してから出口さんにご連絡します。それまでお待ちいただけますか？」

結局、時間切れとなり、会食の機会は失われてしまいました。

僕はこのとき、「常務の手帳がないとスケジュールが確認できないとしたら、秘書はいらないのではないか」と疑問に思いました。秘書と常務がそれぞれ手帳を持っている（手帳が2冊の2重管理）ことで、タイムラグが起きていたのです。

僕は、管理者になったその日に**手帳を持つのをやめて、デスクのスケジュール帳だけを使って予定を管理**することにしました。このスケジュール帳に、仕事の予定もプライベートの予定も集約して書き込むようにしました。

また、スケジュール帳の空き日時には、部下が自由に僕の予定を決めていい（書き込んでいい）ことにしたのです。

出先などで予定を聞かれたら、その場で会社に電話をかけ、予定を確認すればいいだけの話です。

手帳を捨てたらスーツも軽くなりましたし、2回書き込みをしなくてもよくなったので、スケジュールの抜けや漏れも防ぐことができました。

現在は、パソコン（スマートフォン）上のスケジュール表を使用しています。

僕のスケジュールはネットワーク上に保管されているので、ＡＰＵの職員はいつでも見ることができますし、「誰でも、空いていれば秘書に言って予定を入れていい」ことにしているので、僕が不在でも困ることはありません。

スケジュールを一元的かつオープンに管理することは、仕事をスピーディーに行うことにつながります。

僕が考えるスケジュール管理の原則は、概ね、次の通りです。

①スケジュールを1年単位で考える

自分の部署や自分の仕事は、どの時期が繁忙期で、どの時期が閑散期なのかを確認し、**1年間の「大きな忙しさの流れ」を把握**します。**長期休暇を取る時期や組織の年間予定**なども、スケジュール表に書き込んでおきます。

②自分のポジションを明確にする

部署の中で自分はプロジェクトの中核メンバーなのか、サポートメンバーなのか、遊軍扱いなのか、部署の動きと自分のポジションを確認します。

③一元管理する

仕事の予定だけではなく、**プライベートの予定もスケジュール表に書き込んで、一元管理**します。「午前中は考える仕事に集中したい」など、予定を入れてほしくないときは、あらかじめスケジュール表に書き込んでブロックしておきます。

④スケジュールを公開する

社内ネットワーク上にスケジュールを公開します。

上司の不在時にお客様から連絡があったとしても、スケジュール表が公開されていれば、部下は上司の予定を見ながらその場で応対できます。

イライラしたくなければ、時計を捨てればいい

手帳を捨てたのとほぼ同じ時期に、腕時計も捨てました。

捨てた理由は、僕が短気な性格だったからです。とくに待ち合わせに遅れて来る人には、いつも腹を立てていました。

どうしてそんなにイライラするのかといえば、「時間が気になるから」です。では、どうして時間が気になるのかといえば、「腕時計をしているから」です。つまり、時刻を見るからです。

「いっそのこと腕時計を外してしまえば、時間が気にならなくなるのでは？」と考えた僕は、腕時計を捨てました。実際に腕時計をしなくなってから、

- **時間に縛られなくなった**
- **イライラしなくなった**
- **時間に対する感覚が鋭くなって、「今、何時ごろか」が大体わかるようになった**
- **体内時計が整った**
- **道行く人をゆっくり観察できるようになった**

などの変化がありました。

今ならスマートフォンがありますし、駅などにも時計はありますから、実務上で不便に感じたことは一度もありません。

仮に約束が午後6時で、会社から待ち合わせ場所まで20分かかるとしたら、5時40分に会社を出ればいいので、腕時計がなくても時間に遅れることはありません。

「いいとこ取り」はありえない

この世の中では、「いいとこ取り」は、不可能です。2つのものを同時に手に入れることはできません。

世の中のすべての物事は、トレードオフの関係にあります。すなわち、**何かを選ぶことは、何かを捨てること**と同義です。

たとえば、「長所を伸ばして、短所をなくす」ようなことはありえません。長所と短所は1つの個性を裏表で見ているだけで、もともと同じもの。**長所を伸ばせば短所も伸びるし、短所をなくせば長所もなくなります。**

僕の場合は、手帳を捨てたからミスが減り、腕時計を捨てたから気持ちの余裕を持てるようになったのです。

何かを得れば、何かを失う。

人生はすべてトレードオフです。

何か新しいものを得ようと思ったら、何かを捨てなければなりません。その**捨てた場所に、新しいものが入る余地が生まれる**のです。

仕事の順番は、緊急度ではなく、「先着順」を原則にする

緊急度順で仕事をしているうちは、本当の「プロ」とは呼べない

仕事は、規模の大小や難易度に差はあっても、「必要か、必要ではないか」という点で考えれば、どれも必要です（ただし、上司の思いつきの仕事は除きます）。

したがって、

「後回しが許される仕事はない」

というのが僕の持論です。

僕がはじめて管理者になって、係長研修を受けたときのことです。

研修を受けている僕たちに、たくさんの未決の書類が入ったボックスが渡されました。そして、

「今は金曜日の午後2時です。午後3時にはお客様のところへ行くために会社を出なければなりません。この仕事を時間内に処理しなさい」

というテーマが与えられたのです。

僕は書類の量をジッと見て、**「どうすれば早く終わるか」を一所懸命に考え、「上から順番に」処理**をしました。

与えられた時間は1時間でしたが、僕は、40分ちょっとですべての案件を処理することができたのです。

ところが、この研修の僕の評点は「A評価」ではなく、「B評価」でした。時間内にすべての案件を処理したのに……、です。研修講師は、評価の理由を次のように説明しました。

「出口君は、仕事の速度も素晴らしく処理の結果も優秀ですが、やり方がまちがっています。全部の書類にザッと目を通して、優先順位の高いもの、緊急度が高いものから処理す

るのが正しいやり方です。仕事の優先順位を見極めるのも管理者に求められる能力です。処理能力が非常に高かったので『B評価』にしましたが、本当なら『C評価』です」

その評価に納得できなかった僕は、ついカッとなって、
「すべての案件を時間内に処理することがマストだと思います。書類の厚さ（量）を目で測り、1時間で処理できると判断したので、上から順番にこなしたまでです」
と言い返したのです。

同僚たちは、「講師に向かってあんなアホなことを言ったら、人事に睨《にら》まれるぞ」と笑っていましたが、僕と講師の口論はそれだけでは終わらず、寮の大浴場でも続きました。

その日の研修を終えてお風呂に入ると、その講師がいました。僕はそこでも彼を捕まえて、口論したのです。
「全部の書類に目を通してから優先順位の高いものからやっていくなんて、プロ根性が足りない。そんなことは小学校レベルの話です。1時間でこの書類を全部処理するにはどうしたらいいかを考え、集中して取り組めば、優先順位などつけなくても、すべて処理でき

るはずです。

だとすれば、上から順番に処理するのが一番早いはず！　畳の上の水練《すいれん》のような研修は時間の無駄です！」


これも一種の「若気の至り」でしょうか。

研修の講評には、「出口君は非常に独創的な考えを持ち、周到で、処理能力も高いが、頑固で融通が利かない」と書かれていましたが（笑）、今でも僕は、

「時間内にすべての仕事を終わらせるのが大前提であり、だとすれば、上から順番に、先着順で処理するのが一番早い」

と考えています。


一般社会でいえば、かぎりある時間の中でいくつもの仕事を抱えているわけですから、先着順ほど合理的でわかりやすい方法はありません。

僕は、メールは原則として来た順に対応し、未決の書類は古い案件から処理していきます。面会の約束は先着順に応じます。

出版社から本の依頼が来れば順次受けますし、講演会も先着順で引き受けます。

どの仕事も、等しく大切です。

だとすれば、もちろん例外はあるでしょうが、先着順という発想を守って「先に来たものから順番に進行する」ほうが、仕事の生産性は上がると思うのです。

電話も、メールも、「早く」「短く」

メールの文面は短いほどいい

ライフネット生命時代は、朝の通勤電車の中でメールの返信をしていました。APUへの通勤はバスやタクシーなので、自宅から大学に着くまでの間にメールを返信しています。

僕は横着なので、メールの返信は、簡潔です。

「了解しました」
「反対です」
「僕もそう思います」
「ここの部分だけ直してください」

「これは論理が逆転しています」

「あとで説明に来てください」

「この点とこの点が気になります」などなど。

仲のいい友人への返信は、

「了解」

「その日はあかん」

のひと言で終わりです。

友人には、「おまえのメールは愛想がないな」と言われるのですが（笑）、僕は「意思疎通ができればいい」「用件が伝わればいい」と思っているので、メールはミニマムです。

すでに**関係性が構築されている相手であれば、愛想のない返信をしたからといって、人間関係が崩れることはありません。**

学外の方へのメールは、さすがに「了解」のひと言で片付けると失礼ですから、僕も気をつかっています。それでも、回りくどい表現はせず、必要なことだけを書いています。

「2月に入って寒さがますます厳しくなりましたね」などといった時候の挨拶などは一切せず、すぐに用件に入ります。


たとえば、本をいただいたお礼をするときは、

「このたびは、本を送っていただいてありがとうございました。勉強させていただきます。これからもよろしくお願いします」

と、必要なことだけを簡潔に伝えるようにしています。

読者からの質問には、

「メールをありがとうございます。ご質問については、『これこれ、こうだ』と考えています。これからもよろしくお願いします」

と答えています。

これは面談でも原則同じで、

「おはようございます。APUをお訪ねいただいてありがとうございます。ところで、本

日のご用件は？」

とすぐ本題に入るようにしています。

電話対応は、全員の仕事

新入社員に、電話対応を任せる会社は少なくありません。しかし、「電話は、新入社員がとるべき」と思っている上司は、電話対応を軽く考えているのではないでしょうか。

電話対応は、新人だけの仕事ではありません。**電話対応は、全員の仕事**です。

年齢フリーで考えて、早く出られる人が出るのが基本です。電話をかけてくださるお客様の立場で考えれば、「誰でもいいから早く電話に出てほしい」と思っているはずです。すぐに電話がつながったほうが、お客様も嬉しいはずです。

ライフネット生命時代に僕の秘書を務めてくれた女性は、僕を「ほっといても平気な人」と表現していました。一般的に社長は、秘書を頼るものですが、僕は違いました。

任せたほうがいい場合は秘書の力を借りますが、「自分でやったほうが早い」、あるいは、

「ここは任せないほうがいい」と判断した場合は、すべて自分で解決していました。APUでも同じです。たとえば、電話をかけるときも、部下や秘書などにかけさせるのではなく、僕が自分でかけるようにしています。「秘書にダイヤルさせて、先方が出てから受話器を受け取る」といったことは一切していません。

なぜなら、間に入ってつないでもらうより、**自分でかけたほうが早い**からです。

APUの宮腰あかり（学長室、広報担当）は、実際にこんな経験をしました。

「本書の原稿の確認予定について、編集担当者の岩崎さんからご案内いただいたので出口さんにその旨をお知らせしたところ、執務室に呼ばれました。確認した原稿をいただけるのかなと思って伺ったら、『ライフネット生命の社員のコメントや日本生命時代の話があるけれど（本書の原稿が完成したのはAPUの学長就任前でした）、全部APUの話に替えてもらったほうがいいよ。今、僕はAPUにいるので、この本が出版されるタイミングでは、ライフネット生命や日本生命の話は古い印象になると思うから。編集者とライターに、APUに来てもらって、教員や職員にインタビューをしてもらって、それを新しく加えたほうがいいと提案して。僕がAPUに来てから出版する本で、APUの教員や職員の話が登場する本はまだどこの出版社からもないこと。発売されれば、直近の出口の様子がわかる本になるので、読者も買ってくださるはず。出版社にはそう話をして』と。

私はこの提案を、岩﨑さんに検討していただくようお願いしました。その後、岩﨑さんから『ありがたいご提案ですが、出版時期のことを考えると、追加取材をしている時間がありません。APUの学長に就任された出口さんのことがわかるような企画を別に考えていたところだったので、APUについては、その書籍でご紹介していただき、今回は、ライフネット生命や日本生命の話を過去形の表現に変更するということで、原稿確認を進めてほしい』というお返事をいただきました。

それを出口さんに報告したところ、『わかった、僕が話をするよ』と言って、その場で岩﨑さんに電話をかけていました。そうして、APUでの取材が実現し、最新の事例と出口さんとAPUで働く皆の声を織り交ぜた本書ができたのです。後日、岩﨑さんから『まさか、出口さんご本人からお電話がくるとは思っていなかったので、とても驚きました（笑）』と言われました。

出口さんは『基本的に仕事は人に任せるが、自分でやったほうが早い。ここは任せないほうがいいな』と思ったら、ご自分でささっとやってしまいます」（宮腰あかり）

「運」は健康でないとつかめない

優秀な人でも、体調が悪ければ、能力を発揮できない

仕事においては、何と言ってもカラダが資本です。

知的生産性を高めるためには、いつでも最高のパフォーマンスを発揮できるように、日ごろからの健康管理が欠かせません。

大人になると、能力を飛躍的に伸ばすのは難しくなります。けれど健康は、ある程度、自分でコントロールすることができます。

いくら優秀な人でも、体調がよくなければ、その能力を十分に発揮することはできませ

ん。また、判断力も自ずと鈍るものです。

非常に優秀な社員の能力を100とします。しかし、100の能力を持っていても、体調が万全でなければ、その能力を発揮することはできません。

一方、能力は70くらいでも、常に元気で、70の能力を100%発揮できれば、「優秀だけれど不健康な人」を上回ることができるでしょう。

「能力が高いが二日酔いの部下」と「能力は多少劣るが元気のいい部下」の2人がいた場合、僕なら後者（元気な部下）に仕事を任せます。

いくら優秀でも、二日酔いで覇気のない部下には、安心して仕事を任せられません。**体調がよくないと、能力が高くても、仕事のチャンスを失ってしまう**のです。

ダーウィンの「進化論」が示すように、生き残るのは賢い人や強い人ではなく、運を生かして適応できる人です。

運は偶然にやってきます。運とは、「適当なときに、適当な場所にいる」ことです。棚から落ちてきたぼた餅を食べられる人は、そのとき棚のそばにいた人です。

でも、それだけでは、ぼた餅を食べることはできません。棚のそばにはほかにも人がいるのが通例です。

落ちてくるタイミングに合わせて走り出し、大きく口を開く適応力を持っている人が、ぼた餅を食べられるのです。

ビジネスのチャンスはいつ巡ってくるかわかりません。運がやって来るタイミングは、自分でコントロールすることはできません。

ですが、**運がやって来たときにいつでも走り出せるように、健康を整えておくことは、誰でもできる**と思います。

食べて、寝て、めいっぱい上司の悪口を言う

僕の健康法は、食べて、寝て、めいっぱい上司の悪口を言うことです。

僕は、ジャンルを問わずいろいろな本を読みますが、いわゆる「健康法」や「健康管理」にまつわる本はほとんど読んだことがありません。

地球上には約70億人の人間がいますが、僕たちのカラダは、一人ひとり違います。すべての人に通用する健康法などあるはずがないと僕は考えているのです。

たとえば、「朝ごはんは、しっかり食べたほうがいい」と説く識者もいますが、僕は、せいぜい「ミルクコーヒー1杯と、パン1切れ」で十分です。朝からしっかり食事をすると、かえって体調がすぐれません。日本生命時代から、毎晩食べて飲んで……という生活を続けてきたせいか、今でも、朝はおなかが空きません。

睡眠に関しても、「早寝早起きがいい」「睡眠にはゴールデンタイムがある」「寝だめの効果はない」など、さまざまな説があるようですが、僕の睡眠時間は、平日であれば、午前0時ごろに就寝し、明朝6時に起床。週末は（講演会などの予定がなければ）、午前10時くらいまで寝だめをしています。

僕は、健康に関する諸説をまったく参考にしていません。なぜなら、**睡眠も食事も、個人差が大きい**からです。

何時に寝て何時に起きてもいいし、朝食に何を食べてもいい。夜に入浴してもいいし、朝に入浴してもいい。

自分のカラダのことは、経験的、体験的に自分が一番わかっているのですから、「自分に合ったやり方」で体調をコントロールすればそれでいいのではないでしょうか。

上司の悪口はストレス解消になる

人生を豊かにするのが「人・本・旅」なら、人生を無駄にするのは、

「済んだことに愚痴を言う」
「人を羨ましいと思う」
「人に褒められたいと思う」

この3つです。

済んだことはいくら悔やんでも元には戻りません。人は皆、顔も能力もそれぞれに異なる。羨ましいと思っても変身はできない相談です。とくに、最後の3つ目が一番難しい。人は誰もが褒めてほしいと思っているからです。でも、誰にでも褒めてもらおうとすれば、八方美人になってしまう。それでは発言が時や場所によって異なることになってしまうので、結局、誰からも信用されません。

この3つの気持ちが、いろいろな心の病を引き起こすのだと思います。

人間にとって幸せな生活というのは、「ごはんが食べられて、暖かい寝床があって、子どもを安心して産めて、どこへでも移住できて、上司の悪口が自由に言えること」だと僕は考えています。上司の悪口は、社会的に述べれば、表現の自由です。「病は気から」なので、何か不愉快なことが起こったときは、僕は溜め込まないようにしています。

若いころの僕は、上司に好かれる必要はないと思っていたので、上司の顔色をうかがうことも、ゴマをすることも、場の空気に合わせて自分の考えを変えることも、自分の意に沿わない行動をすることも一切ありませんでした。

週に1、2度は、上司とケンカ（口論）をしていたと思います。

ケンカになるのは、たいてい会議中です。数字、ファクト、ロジックで議論をすべきなのに、上司が根拠なき精神論を振りかざすと、口論になる。

会議はたいてい午前中に行われていたので、口論をしたあとは、少し遠くまでランチを食べによく行きました。

当時、職場は有楽町にあったため、銀座までおいしいご飯を食べに行くのです。仲のいい同僚と上司の悪口を言いながらおいしいものをたらふく食べると、気持ちがスッキリして、午後には「まぁ、ええか」となります。

「上司とケンカをする勇気がない」「職場ではできるだけ摩擦を起こしたくない」と思っている人も多いと思いますが、**「言いたいこと」を言わずにいると、自分の本心と行動にギャップが生まれて、自分自身が苦しむ**ことになります。

中国に**「天知る、地知る、我知る、人知る」**という故事があります（『後漢書《ごかんじょ》』楊震伝《ようしんでん》より）。

「2人の間だけの秘密でも、天地の神々が知り、自分が知り、相手が知っているから、いずれは他の知るところとなる」という意味です。

この故事は、「四知」とも言われていますが、最後に知るのが「他人」であり、それよりも前に、自分の言動は自分自身がよくわかっているわけです。

自分が本心から正しいと思うことを実践していれば、人にどう思われても気にする必要はないと思います。

心身ともに自分をコントロールできなかったら、絶対にいい仕事はできません。

第4章

チームの力を引き出す「マネジメントの技術」

「経営理念」を明確化すると、ミッションに向かって突き進むことができる

経営理念は、職場における憲法である

僕が還暦で開業したライフネット生命は、多様性を重視していたので、学歴フリー、年齢フリー、性別フリーで「社員をフェアに扱う」のがマネジメントの基本でした。

当時はよく、「性別も、年齢も異なる社員を集めると、まとめるのが大変ではありませんか？」と聞かれましたが、大変だと思ったことは一度もありませんでした。会社の経営理念（「マニフェスト」と呼んでいました）を明文化すれば、組織は自ずとまとまるからです。

欧米の会社では、ボードメンバー（取締役など、経営幹部の主要メンバー）が、それぞれ国籍の違う人で構成されていることがめずらしくありません。それでも組織がまとまる

のは、ミッションやコアバリュー、ゴールやビジョンが明確に定められているからです。

経営理念は、会社の進むべき道を示す羅針盤です。ライフネット生命のマニフェストには、「本来、生命保険とはどうあるべきなのか」「その本来あるべきものを実現するために何をなすべきなのか」などが明確に書かれていたので、これさえあれば、社員は道に迷うことなく、ミッション（生命保険料を半分にして安心して赤ちゃんを産んでほしい）に向かって突き進むことができました。

社内で議論が紛糾したときなども、「じゃあ、もう一度みんなでマニフェストを読んでみよう」と原点に立ち返ることができたので、誤った方向へ進んだことは一度もありません。

経営理念の公開は、採用のスクリーニングに役立つ

経営理念を公開しておくと、採用のスクリーニング（ふるい分けや選別）としても機能します。会社が大事にしているコアバリューをホームページで公開すると、社員募集のスクリーニングコストを下げることにもつながります。

なぜなら、その経営理念に心から賛同できない人は、最初から受けに来ないからです。

「この会社で働きたいな」と思っている人は、経営理念を読むはずです。経営理念に共感しない人は、そもそも入社試験を受けないでしょう。

「応募してきた人＝経営理念に共感した人」と考えることができますから、応募者がいわば自動的にスクリーニングされるのです。

「経営理念を浸透させるために、どのような教育をしているのですか？」と聞かれたこともありましたが、とくに経営理念を浸透させるための教育をした覚えはありません。採用する前からライフネット生命の経営理念を読んで、「この会社は共感できる」と思って入社を決めた人が大半ですから、「浸透させる」作業は、入社する前に済んでいたのです。

APUの経営理念、「APU2030ビジョン」

APUには、2030年に向けたビジョンがすでにあります。是《これ》永《なが》駿《しゅん》前学長のリーダーシップの下で「APU2030ビジョン」（2030年のAPUのあるべき姿、望ましい姿）を策定しました。「10年後、20年後にAPUはどんな大学になるべきなのか」「APUの類まれなる多文化環境の下でどんな人材を育成していくのか」について議論を行った結

2018年４月の入学式。38ヵ国・地域からやって来た国際学生を含む987名が入学した。APUでは、入学式・卒業式を春と秋の年２回行っている。

果が、このＡＰＵ２０３０ビジョンです。

ＡＰＵ２０３０ビジョンでは、「ＡＰＵで学んだ人たちが世界を変える」を最大のテーマに据えて、「ＡＰＵで学んだ人一人ひとりが、自由と平和を追求する人間として、人間の尊厳に対する畏敬の念を抱き、世界で、日本で、それぞれの住む地域や立場で、他者のために、社会のために行動することにより、世界を変える」ことを目指しています。

こうしたビジョンが明確になっているからこそ、学生、卒業生、地域の皆さんをはじめとするすべてのステークホルダーが密に連携し、心を合わせて、ＡＰＵの地位を高める活動にまい進できるのです。

「APU2030年ビジョン」のポスター（日本語版）。
APUの進むべき道を示す羅針盤です。

「適材適所」のチームをつくれば、生産性は勝手に上がる

人間は本来、「ちょぼちょぼ」である

僕の人間観は、**「人間ちょぼちょぼ主義」**です。

「人間には、賢い人も、アホな人もいない。みんなちょぼちょぼで、怠け者である」と考えています。

「人間は賢くて、きちんと指導すれば、みんな立派な人になれる」と考える人もいます。もちろん、後天的な努力の積み重ねによって、人間の能力が多少伸びることはあるかもしれません。

ですが僕は、基本的には、

「立派な指導を受けても、懸命に努力を重ねても、人間、できないことは山ほどある」
「人間の能力が劇的に伸びることはない」

と思っているのです。

たとえば青山学院大学は、箱根駅伝で史上初の4連覇を達成しましたが（2015年〜2018年）、原晋《はらすすむ》監督が優れた指導をしたからといって、選手全員が箱根駅伝に出られるわけではありません。記録が伸びない選手もいます。

僕も中学校のとき、陸上をかなり真剣に頑張ったのですが、いくら努力しても、「100メートル12秒フラット」を切ることができませんでした。どんなに練習しても記録が伸びなかったのです。

そのとき思ったのが、「100メートルは生まれつきの才能に左右される」ということでした。スプリンターの才能がある人は、いとも簡単に11秒台を出していたからです。

同様に人間は傲慢な動物なので、「カラダは衰えても頭だけは進化する」などと思いがちですが、頭もカラダの一部ですから、頭だけ進化するのはおかしい。だから、カラダも頭も「10代ごろがピークで、20歳を過ぎたら余生みたいなもの」だとむしろ考えるべきです。

人間は、20歳を過ぎたら、もうそれほど変わらない。だとすれば、**自分のありのままの姿に忠実に生きることが一番大切**です。

マネジメントをテーマにした講演会に招かれたとき、参加者から、「生産性を上げるために部下を育てたいのですが、どうすればいいでしょうか。その秘訣を教えてください」という質問を受けたことがありました。

僕の答えは、

「上司の仕事は、部下を育てることではありません。なぜなら、人の能力が劇的に伸びることはないからです。**上司にできるのは、部下に対して『今持っている能力を最大に発揮できる仕事』を上手に与えて、見守ることだけ**です」

というものでした。

「マネジメント」とは、「人を上手に組み合わせること」

僕は、「人間はみんなちょぼちょぼ。そんなに賢い人はいない」ことを前提にマネジメントをしています。

「マネジメント」とは、突き詰めると、「人を上手に使うこと」です。社会がどの方向に変化しているかを見極め、人材をうまく組み合わせて変化に適したチームをつくることがマネジメントの本質です。

人の能力がそれほど変わらない以上、組織の生産性を上げるには、上手に「組み合わせること」しかできないと思っています。

人間の能力は、それほど変わりません。人間は、それほど成長しません。ですが、人にはそれぞれ「得意・不得意」「向き・不向き」があるので、部下の適性と周囲の状況に合わせて、**適材適所で人材を配置できれば、個々の能力は伸びなくても、組織の生産性は上がります。**

たとえば、「人と喋るのは得意だけれど、書類仕事が苦手な人」と、「人と喋るのは苦手だけれど、契約書を作成するのが得意な人」を組ませれば、お互いの欠点を補完することが可能です。そして強い営業チームができ上がります。

強い組織をつくるための一番のポイントは、一人ひとりのメンバーの適性をよく見て、どういう組み合わせを行えばチームが強くなるかをよくよく考えることです。そして崩れない石垣をつくるのです。まさに人は石垣、人は城なのです。そして、そのためには、普段から部下とのコミュニケーションを大切にして、部下一人ひとりの適性をよく把握しておくことが必要です。

人と社会の変化に応じて「適材適所」のチームをつくることができれば、生産性はまちがいなく上がります。

組織の生産性は「才能マネジメント」ですべて決まる

正しく人材を配置するのがリーダーの役割

組織の強さは、資産運用と同じで、ポートフォリオ（人材の組み合わせ、配置）によって決まります。誰にどんな仕事を担当させるかを決めた段階で、その組織のパフォーマンスは決まるといっても決して過言ではありません。

ということは、**「得意・不得意」「向き・不向き」といった部下の適性を見抜いて、正しく人材を配置するのがリーダーの役割**です。

僕が考える人材配置のポイントは、次の４つです。

①部下の適性や意欲を把握する
②短所は無視して長所を伸ばす
③全員を管理職に育てる必要はない
④サボる社員がいてもいい

①部下の適性や意欲を把握する

部下の適性にふさわしい仕事をあてがうのが、マネジメントの要諦《ようてい》です。人を上手に使おうと思ったら、部下の「得意・不得意」「向き・不向き」や「願望」を正確に知る必要があります。

とはいえ、「キミは何がしたい？」「キミの得意なことは何？」と聞いても、「はい、これです」と答えられる部下は少ないと思います。

したがって上司は、普段から部下とのコミュニケーションを密にして、

「何にチャレンジしたいと思っているのか」
「どんなことが得意なのか」

を見極める必要があります。

仕事を適切に割り振るためには、まず部下の話をよく聞かなければなりませんが、**部下とのコミュニケーションは、基本的に、「労働時間内にやるべき」仕事**です。

ある講演会で、「管理者になってからこの10年来、ほぼ毎日、飲みニュケーションをやっている」という参加者に会いましたが、即刻、辞表を出すべきでしょう。

たとえば、部下がイスラム教徒だったらどうするのでしょうか（教義によって飲酒が禁じられている）。お酒が飲めない体質だったらどうするのでしょうか。何よりも時間外にコミュニケーションをとるなど論外です。グローバル企業であれば、絶対に許されないことです。

また、部下の適性について、僕から見ると「向いていない」のに、本人が「向いている」と思い込んでいる場合があります。そのときは**一度、やらせてみます。**

僕がライフネット生命の社長を務めていたとき、「会社を辞めさせてほしい」と願い出た社員がいました。

「いいけど、次はどこへ行くの？」

と聞いてみると、
「○○をやってみたいと思う」
と答えました。僕は内心、「向いていないな」と思ったのですが、「チャレンジしてみたい」という彼の気持ちを汲んで、背中を押してやることにしました。

結果はどうなったかというと、退社してから1年も経たないうちに、ライフネット生命に戻ってきました。出戻りです。

でも、それでいいと思います。何事もラン&テストです。

日本の伝統的な大企業では「出戻りは認めない」と、純血主義に近い考え方があるように感じます。「一度辞めた人を再雇用する」という事例はあまり見当たりません。

しかし、ライフネット生命では、一度辞めた人がまた戻ってくる「出戻り社員」を喜んで受け入れていました。何人も戻ってきた社員がいます。青い鳥を求めて外の世界でチャレンジするために出て行ったものの、「やはりライフネット生命が向いている」と思って戻ってくるのです。

いったん外の世界に出た人が戻ってくるのは、その企業にとってチャンスだと思います。

なぜなら、**自社のことがわかっている上に、自社と他社の違いも、そして「世の中は甘くない」ということも身をもって経験しているので、貴重な戦力になる**からです。

②短所は無視して長所を伸ばす

長所や短所は、その人の個性そのものです。

たとえば、「自分の意見をはっきり言う」ことを、「他人の目を恐れない」「自分の頭で考えることができる」という長所と見ることもできますし、反対に、「協調性がない」「自己中心的すぎる」と短所として捉えることもできます。

長所も短所も、その人の「尖った部分」。人は誰しも、はじめは尖った三角や四角です。それが、人に合わせることを覚えていくうちに、尖った部分がなくなり、丸くなっていきます。尖った部分を長所と捉えるか、短所と捉えるかは人によって異なりますが、いずれにせよ、**「尖った部分は削ってはいけない」と僕は考えています。「小さい丸より大きい三角や四角」**です。尖った部分を削られた人は、その分だけエネルギーが小さくなるのです。

ＡＰＵには、尖った学生がたくさんいます。ある女子学生は、幼稚園から高校まで、東京の有名一貫校に通っていましたが、大学はエスカレーター式で進学せずに、ＡＰＵへの入学を決めました。僕が「でも、そのまま大学に進んでいれば、共通の友だちも多かったし、過ごしやすかったのでは？」と聞いてみると、彼女は、こう答えました。

「その学校にいるのが、嫌で嫌で、しかたがなかったんです（笑）。中学校のときも、高校のときも、いわゆるお嬢様教育を押し付けられて、何かやろうとすると先生からも両親からも、『そんなことをしてはいけません。お嬢様はこうしなさい』とか、『前例がない』『社会常識に合っていない』とか、そんな話ばかりでした。でも、ＡＰＵに来たら、『そんなことをしてはいけません』と言う人はひとりもいません。私が何を提案しても、『個性的でいいよね』『一緒にやろうよ』と褒めてもらえるんです」

長所を伸ばして短所を直す、という考え方はまったく現実的ではありません。長所を伸ばすことと、短所を直すことはまさにトレードオフです。尖った部分を短所だと考えて削ってしまうと、必然的に長所もなくなってしまうのです。

人口が減少していくこれからの社会で求められるのは、知的生産性の高さです。新しいアイデアを生み出す力です。それを実現するのは、「人とは違うこと」を考えられる「尖った人材」しかありません。

③全員を管理職に育てる必要はない

営業成績がトップだからといって、その人がリーダーとしても能力を発揮するとはかぎりません。スポーツの世界では、「名選手は必ずしも名監督にあらず」と言われていますが、それはビジネスの世界でもそのまま当てはまります。

プレーヤーとマネージャーはまったく違う仕事です。高校野球にたとえるとわかりやすいと思いますが、エースピッチャーや4番バッターがキャプテン（マネージャー）を務めているわけではありません。補欠の選手が、キャプテンを務めている場合もあります。キャプテンにふさわしいのは、豪速球を投げられなくても、ホームランを打てなくてもいいので、「皆をまとめるのがうまい選手」であるべきです。

そもそも、プレーヤーをマネージャーにするという考え方自体がまちがっています。プレーヤーとして優れている人は、プレーヤーとして扱えばいい。**職場の役職は、決して「偉**

さ」をあらわすものではなくて、あくまでも「機能」による役割分担に過ぎません。

管理職は、人の管理に適した人がやればいいのです。上位の役職を権力として捉えている人がいますが、プレーヤーとマネージャーの間に上下関係はありません。マネージャーの本質は、ひとつのファンクション（機能）でしかないと、僕は考えています。

僕は、ライフネット生命の社長と会長を10年にわたって歴任し、現在はAPUの学長に就任していますが、大学の学長とベンチャー企業の社長（会長）は同じだと考えています。なぜなら、どちらもトップとして「目標を定め、優先順位をつけ、財政基盤を強固にし、みんなが働きやすい環境をつくる」ための機能を果たしているにすぎないからです。

僕がツイッターやフェイスブックをはじめたのも、ライフネット生命時代に、部下から「やりなさい」と指示されたからです。

僕は、当時の部下に対して「大手生保ではできないことをやろう。人とは違うことを考えて実行しよう」と言い続けてきました。すると、開業から3年ほどたったとき、20代の社員から、

「出口さん、今日からツイッターをやってください」

と指示されました。僕が、

「何で、そんな面倒くさいことをしなければいけないのや」

と聞いたら、

「調べたところ、保険会社の社長は、まだひとりもツイッターをやっていません。出口さんは、僕らにいつも『人とは違うことをやろう』と言っていますよね。だったら、自ら他の保険会社の社長とは違うことをやってください。出口さんは有言不実行ですか？」

と畳み込まれたのです。「それは確かにそうだな。やるしかないな」と思って、ツイッターをはじめました。当時の秘書から「お世話になったこの人に、今すぐ直接お礼メールを書きなさい」と指示されたこともしばしばです。社長も、会長も１つの機能にすぎないのですから、その機能を果たせばそれでいいわけです。


プレーヤーもマネージャーも、ゼネラリストもスペシャリストも、社長も課長も一般社員も、すべて等価です。人間としての価値は変わりません。ただ、組織としては、たとえば社長という役割（機能）が必要なので置いているだけのことです。

日本の大企業は、ともすれば「みんなを優れた管理者にしよう」と考えがちですが、人にはそれぞれの人生観や考え方があります。すべての社員が「管理職になりたい」と思っているわけではありません。また、管理者としての適性があるわけでもありません。サッカー選手のカズ（三浦知良《みうらかずよし》さん）のように「一生、プレーヤーとして活躍したい」と思っている人には、マネージャーの仕事を任せてはいけないのです。

④サボる社員がいてもいい

蟻の世界が典型ですが、集団が形成されると、2割・6割・2割の割合で3つのグループが形成されると一般には考えられています。いわゆる「2・6・2の法則」です。

学校の遠足でたとえると、

- **上位2割……放っておいてもどんどん前に歩いていくグループ**
- **中位6割……普通に歩くグループ**
- **下位2割……蝶を追いかけたり、花を摘みにいったりして集団から遅れるグループ**

このように、行動特性や思考特性によって集団は3つに分かれ、職場の組織も同じです。

- **上位2割……生産性が高いグループ**

- **中位6割……平均的なグループ**
- **下位2割……生産性が低いグループ**

この法則で興味深いのは、たとえば下位の2割を排除すると、中位6割から転落する者があらわれて、再び「2・6・2」の割合に戻ることです。上位の2割を排除しても同じです。

組織としての生産性を上げるには、下位の2割の底上げを図るのではなく、**上位2割にどんどん仕事を任せる**ことです。いわゆる「パレートの法則」を適用すればいいのです。「蝶を追いかけたりするのはけしからん」と遅れた2割を個別指導するのではなく、やる気がある上位2割をどんどん先に歩かせる。

すると、中位6割は、置いていかれまいとしてスピードを上げて歩き出し、残り2割も、姿が見えなくなると不安になって動き出します。

また、動物学的にみると、下位の2割を遊ばせておくことが必要です。そうしないと、非常事態が発生して人手が必要なとき、対応できません。

全員に能力を100%発揮させて仕事を行わせることはできません。仕事が2倍できる部下には、2倍の仕事を割り当てる。仕事が半分しかできない社員には、半分の仕事を割り当てる。**鍵はトップ層2割の働かせ方**にあります。2・6・2の法則が正しいとしたら、上司の言うことを聞かない2割が存在する組織のほうが、むしろ健全です。

2・6・2の法則を前提にすると、まず上司が考えるべきは、**「一所懸命仕事をする上位2割の部下を味方に付けること」**です。そして、中位6割のうち、半分くらいの部下から信頼を得ることができれば、全体の5割を押さえたことになります。

集団のイニシアティブ（主導権）を取る上でまちがいやすいのは、「こんなに自分が頑張っているのに、なぜ部下はついてきてくれないのか」と考えることです。5割、6割の部下を押さえることができれば、それで十分だと思っていいでしょう。

20世紀の歴史で、全員をついてこさせたのはヒトラーとスターリンだけです。そんな上司にはなりたくないでしょう。2割くらいが横を向いているのであれば、「ウチの組織は正常でよかった」と、むしろ喜ぶべきなのです。

生産性を上げる会議の進め方

会議を効率化する5つの方法

多くの組織において、会議が多すぎるという声が上がっています。しかも、それらの会議が必ずしも生産性の向上につながっているわけではありません。

「会議が多くて、仕事の生産性が落ちている」

「無駄な会議が多く、その結果として残業が増えている」

のであれば、会議の進め方を根底から見直す必要があります。

無駄な会議を減らすためには、次の5つの方法が効果的です。

①会議室を減らす
②会議の時間を区切る
③会議の資料をペーパーレスにする
④検証可能なデータ（数字、ファクト、ロジック）を出し合う
⑤資料には先に目を通しておく

①会議室を減らす

会議室を即刻、半分にするなど少なくすれば、会議はまちがいなく減ります。物理的に会議ができなくなるからです。ダラダラと時間が長引くこともありません。会議が長引けば、次に使う人から「○時から私たちが使う予定なので、早く出てください」と注意されるので、会議は時間内に終わるようになります。会議室を減らすことが、会議を効率化するベストの方法です。

②会議の時間を区切る

会議の前に十分な準備をするのは当然として、たとえば、「情報をシェアする会議なら30分、何かを決める会議は1時間」といった社内ルールを定めて、会議の冒頭にチェアマン（議長）が**「今日の会議の目的を明確に述べる」**、あるいは、**「メンバーを必要最小限にしぼり込む」**ようにすると、会議を効率化できます。

APUでは、学内の重要な会議の司会は僕がするので、できるだけ短くする努力をしています。会議の資料も、「ポイントの箇条書きでいい」と伝えています。

人間は元来、怠け者であり、易《やす》きに流れる動物でもあるので、議論をしようと思えば、いくらでも議論ができる。決断を先延ばしにできて、そのほうがラクだからです。

「何日かけてもいいから、全員が納得するまで議論を行う」のはまったく民主的ではありません。「2時間以内に、全メンバーが意見を述べた上で多数決でいいから結論を出す」ほうが民主的かつはるかに生産的です。

③会議の資料をペーパーレスにする

会議の資料は、ペーパーレスを徹底したほうがいいと思います。

たとえば**パワーポイントなどでつくった資料を投影するようにすると、ペーパーレスにできるだけではなく、自然と内容が整理されて、いい資料になります。**その際、パワーポイントのスライドに小さな文字でごちゃごちゃ書き込んであると、離れて座っている人からは見えにくいので、「字が小さくて読めない」などと文句が出ます。するとと、文句を言われた社員は、次回から、文字を大きくして「誰が見てもひと目でわかる資料」をつくるようになります。その結果、資料から無駄がそぎ落とされ、資料の質が上がり、一石二鳥です。

④検証可能なデータ（数字、ファクト、ロジック）を出し合う

議論をするときには、お互いの意見の前提となっている数字、ファクト、ロジックを出し合えば、**どちらの考えが甘いかがすぐにわかります。**グローバル企業には、国籍も、文化も、価値観も異なるさまざまな人が集まっています。それなのに、一般にグローバル企業のほうが日本の企業より意思決定が早いのは、数字、ファクト、ロジックで議論をしているからです。相互に検証可能なデータを用い、それをテーブルに出してロジックを組み立てていく。数字、ファクト、ロジックに基づかない議論ほど時間の無駄はありません。

日本経済新聞の「大機小機《だいきしょうき》」というコラムに、ある人が、とてもおもしろいことを書いていました。

「経済財政諮問会議《けいざいざいせいしもんかいぎ》の議事録を読んでいたら、民間委員のひとりが『当社ではこんなことがあった』と発言した。他の委員も『うちでは、こうだった』『こんな話を聞いた』と真顔で議論している。これらの委員は適性がないのではないか」

といった内容でした。僕もまったくその通りだと思います。

経済財政諮問会議は、日本全体の経済や財政を議論する場です。個社のエピソードを話し合う場ではありません。「国全体にこういうデータがあり、こういう統計があるから、こうすべきだ」とエビデンスを出して、それをもとに議論すべきです。

『知ろうとすること。』（早野龍五《はやのりゅうご》　糸井重里《いといしげさと》・著／新潮社）という本の中に、「トンデモ論に対しては、正しいデータを出して、誠実で揺るぎない態度で撃破することが大切だ」といった内容が書かれていましたが、僕もそう思います。議論は、

【1】お互いに検証可能なデータ（数字・ファクト）を出す

【2】ロジックを組み立てる

［3］お互いのロジックを検討する

という3段階で行うべきです。たとえば、第二次世界大戦に関して、「フランクリン・ルーズベルト大統領は、日本が真珠湾を攻撃することを事前に知っていたのに、ハワイを防衛している司令官たちには何も知らせず、あえて日本軍に奇襲させた。それによって、アメリカの世論を『参戦』へと変えた」

といった陰謀論がありますが、僕は信じていません。

なぜなら、こうしたトンデモ論には、相互に検証可能な信頼に値するデータが存在していないからです。

呉座勇一《ござゆういち》さんの『陰謀の日本中世史』（KADOKAWA）という本がありますが、これは本能寺の変の黒幕は誰か、などといった陰謀論の類を一刀両断した快著です。陰謀論などは放置しておくとフェイクニュースの温床になるので、「専門家（学者）が『おかしいものは、おかしい』と正しく指摘する必要がある」という呉座先生の考えはまったくその通りだと思います。

⑤資料には先に目を通しておく

会議がはじまる前に資料に目を通しておけば、すぐに本題に入ることができます。

僕は、「本日は、お忙しいところお集まりいただき、ありがとうございます」といった会議冒頭の挨拶や、アジェンダ（議題）の再確認、資料の説明などは「すべて不要である」と考えています。

たとえば、お客様（取引先）からご提案をいただくときは、事前に資料を送ってもらい、目を通しておきます。そうすれば、お客様とお会いしたときに、「資料は読んでいます。わからないところが3点あったので、そのことについて教えていただけますか？」などと、すぐに本題に入ることができます。

一から説明を聞くのではなくて、僕が疑問に思った点について説明してもらうようにしているので、初対面の人でも、打ち合わせの時間は30分もあれば必要十分です。あらかじめ先方の要望を理解した上で議論したほうが、お互い時間の節約になります。

「本題に入る前に、季節の挨拶ぐらいはしたほうがいい」という意見もあるかとは思いますが、**時間は何よりも貴重ですから、できれば「すぐに本題に入ったほうがいい」**と僕は考えています。いずれにせよ、**会議を減らすにはチェアマンの役割がとても重要**です。

チェアマンが会議の目的を明確に説明し、全メンバーに発言させ、時間管理を適切に行えば、会議はまちがいなく効率的になります。

大学の会議には「納得感」も必要

ＡＰＵの河合正徳（アカデミック・オフィス専任職員）は、「大学の会議には、納得感も必要である」と考えています。

「大学の会議というのは、『議論を尽くす』ことも目的のひとつです。議論を尽くして、参加している教職員全員が『納得をする』ことも必要だと私は考えています。そして、出口さんは、会議に納得感をもたらしてくださる存在だと感じています。

教学と言われる場所では、自分たちが出した結論が正解なのかどうか、すぐには答えが出ません。卒業して10年以上経ってから、ＡＰＵでの学びが芽吹く学生もいます。正解がすぐに出せるものではない以上、効率だけを求めるのではなくて、ときには、『みんなが納得して決める』ことも大切です。

しかし、議論の場では、立場、文化、思想の異なる人が集まり、実にいろいろな意見が出されますので、『皆が納得する結論』を導き出すことは容易ではありません。納得感を最大化するためには、出されたさまざまな意見を構造化し、共通項と差異項に分解し、それらと客観的な事実（ファクト）や数字を論理的に組み合わせて、合理的に結論を導き出していくことが必要だと思います。

出口さんが、会議に納得感をもたらされる理由は、このようなロジックで会議をマネジメントされているからだと思います。

また、さまざまな意見や考え方をいったん受け入れ、そのあとでご自身の考えやビジョンと照らし合わせながら丁寧にフィードバックをされるので、納得感がすごく高い。『出口さんが言うなら！』と全員が思えるので、その納得感が結果的に学長のリーダーシップにつながっていると私は考えています」（河合正徳）

多様な人材がいるからこそ、多様なアイデアが生まれる

異業種出身の人材が新しいアイデアをもたらす

オーケストラのニューヨーク・フィルハーモニックでは、欠員が出るたびに、音楽監督やコンサートマスターが後任者を選んでいたのですが、そのほとんどが、若い白人男性であることに気づいた人がいました。そこで、ブラインドオーディションに切り替えました。ブラインドオーディションとは、相手の姿は見ずに、試奏と質疑応答だけで選抜する方法です。その結果、有色人種、高齢者、女性のメンバーが増え、全体のレベルも格段に上がったといいます。

企業も、オーケストラと同じで、**生産性を上げるには、性別、国籍、年齢といった垣根を取り払うことがとても大事**だと考えています。

僕はダイバーシティ（人材の多様性）こそが、世の中を動かす鍵だと思っています。

同年代、同性で同質的な人ばかりだったら、遠慮し合ったり、あるいは競い合ったりして、言いたいことが言えないことがよくあります。

ですが、**異質の人が集まったら、結論を出すためには、共通言語である数字、ファクト、ロジックで合理的に議論せざるを得ません。**

その結果、新しいアイデアが生まれたり、意思決定が早くなったりします。経営は数字、ファクト、ロジックで行うものですから、価値観が違う多様な人材を集めたほうが、ビジネスが上手くいくことは当たり前です。

ある日ＳＮＳを見ていたら、「全員が日本人の男性で最年少が60代。全員がサラリーマンで起業家はゼロ。大学卒業後、１つの会社で勤め上げた人ばかりで転職経験も副業経験もゼロ。この組織は何？」という投稿がありました。答えは何だと思いますか？　経団連です。「このような同質集団が経済の司令塔で、日本の経済は本当に大丈夫？」と結んでありました。経団連にかぎった話ではないと思いますが、大いに考えさせられるエピソードです。

もっとも経団連の皆さんにお会いしたことはありませんが、個人的には立派な方ばかりだと思っています。

「素人」こそが、最善のアイデアを出しうる

僕がライフネット生命を創業したとき、社員の半数以上が、「保険業界以外からの採用者（異業種からの人材）」でした。異業種からも積極的に採用したのは、ベンチャーなので保険業界の慣習にとらわれない柔軟な思考を取り入れたいと考えていたからです。

新規のプロジェクトを立ち上げるときは、必ず、「素人（未経験者）」をメンバーに加えるようにしていました。**素人がチームに加わると、業界の慣習や常識に縛られない素朴な疑問が出てきます。**

ライフネット生命では、2012年から、一部の医療保険の請求時に、医師の診断書の提出を原則廃止するサービスを開始しました。保険業界では、請求時に医師の診断書を提出してもらうのが当たり前でした。これに対し、他の業界出身者が疑問を抱きました。

「病院が発行する明細書には、検査、処置、手術、注射、投薬、リハビリなど、個々の診療内容が単価や数量とともに記載されているのだから、これで保険請求時の診断書に代用しても何も問題は生じないのではないか……」

たしかに、その通りでした。

保険業界の経験者は慣習にとらわれていて、診断書が当たり前だという枠を飛び越えることができなかったのです。このサービスの導入で、お客様は診断書の取得費用数千円が不要になり、さらに診断書の発行に要する時間や郵送期間、こちらで診断書を読み解く手間などが省けるようになって、給付金受け取りまでの日数が大幅に短縮されました。

プロばかりの集団だと、こうした根源的な疑問は生じません。多様な社員がいるからこそ、多様なアイデアが生まれるのです。

たとえば、会議のメンバーがいつも男性ばかりなら、違う部門の女性をひとりか2人加えてみる。あるいは、営業部門の会議に事務部門のスタッフを参加させてみる。

そうすることで、新たなアイデアや違った方向性が見えてくるかもしれません。

ロンドンの幼稚園にダイバーシティの本質を学ぶ

僕が40代前半にロンドンに駐在していたときのことです。

僕は、ロンドンの現地法人の社長を務めながら、日本人学校と日本人向けの病院の管理を行う日本人会の理事をしていました。そのときに学んだロンドンの幼児教育の中に、多様性の本質を見た思いがしています。

ロンドンの幼稚園では、はじめにクラスの子どもたちを1対1で向き合わせて、相手の顔をじっと見つめさせます。それが終わったら相手を変えて同じように顔を向き合わせる。こうしてクラスの全員と向き合ったあと、先生は子どもたちに、

「同じ人はいましたか？」

と聞きます。すると子どもたちは、

「みんな違う人でした」

と答えます。

続いて先生は、次の質問をします。

「では、考えていることは一緒ですか？　違いますか？」

すると子どもたちは、

「見た目が違うのだから、中身もきっと違うと思う」

と答えます。このようにして子どもたちは、

「一人ひとり、見た目も考え方も違うのだから、感じたことや思ったことは、きちんと言葉にして伝えないと、相手にはわかってもらえない」

ということを腹落ちするのです。

一方で、戦後の日本の教育は、製造業の工場モデルにふさわしい日本人を育てようと努力してきました。

「みんなで決めたことを守る」「協調性が高い」「空気を読める」能力を持った人材を育てなければ、工場のベルトコンベアが止まってしまうからです。そのため、個性の尖ったスティーブ・ジョブズのような人材は育たなかったのです。

しかし、**これからの日本の産業の中心は、サービス産業**です。

サービス産業型の今の社会では、多様な人材が活躍することでしか企業は成長しないのです。これからは教育界もこれまでの方針を転換して、スティーブ・ジョブズのような人材を育てないと、日本の未来は立ち行かなくなるでしょう。

大学こそが、生産性を上げる母体である

大学は、10年後の日本社会を映す先行指標

ＡＰＵはダイバーシティにあふれる大学です。

約６０００人の学生の半分は留学生で、出身国・地域は約90にものぼります。大分県別府市にあるＡＰＵのキャンパスをはじめて訪れたとき、僕は、こう思いました。

「若者の国連みたいだなぁ」「これは小さい地球だなぁ」

大分県の調査によると、人口10万人当たりの留学生数は、京都府に次いで2番目の多さです。日本人学生も地元勢は3分の1で、残り3分の2は東京や大阪など全国から集めています。だから年間の経済効果が２００億円を上回る。ＡＰＵは、グローバルな人材を輩

出しながら、ローカルにも貢献するグローカルな大学だといえます。

僕が、大学のあるべき姿として共感しているのが、エジプトにある世界最古の大学のひとつ、アズハル大学の3信条です。

「入学随時、受講随時、卒業随時」

勉強したいと思ったときに入り、学びたいことを学び、学び終えたら出て行く。そしてまた学びたいと思ったら再入学する。大学とは本来、**自らの意志で勉強しに行く所**です。リカレント教育は、何も新しい概念ではないことがよくわかります。

一方、日本の大学は、多くの場合、就職のための通過点になっています。必死に勉強しなくても卒業できるし、企業は、成績ではなく面談で採用を決めています。

しかし、**大学は、「10年後の日本社会を映す先行指標」**だと僕は考えています。大学で学び、さまざまな発想を得た人が社会に出て、次の時代の日本の競争力の源泉になるわけです。そうであれば、大学こそがダイバーシティの母体になるべきです。**馬車馬のように長時間働いたところで、これ以上、生産性は上がりません。**

ＡＰＵは、学生のみならず、教員も多様性にあふれています。教員は、専任教員１６６名のうち82名が外国籍で、出身国は22ヵ国・地域にわたっています（２０１８年5月現在）。現在のＡＰＵの国際経営学部は、学部長：日本人、副学部長：ドイツ人、カナダ人、オーストラリア人（バングラデシュ生まれ）、フィリピン人。

アジア太平洋学部は、学部長：中国人、副学部長：日本人、イラン人、アメリカ人です。

日本の生産性の低さは、「忖度過剰が原因」という意見もありますが、ＡＰＵの場合は、教員も、学生も多様性に富んでいるので、「忖度」や「根回し」「べき論」は、一切通用しません。

ＡＰＵは合理的なグローバル企業に似た組織だと思います。

たとえば「ＡＡＣＳＢ」（Association to Advance Collegiate Schools of Business）という国際的なビジネススクールの認証を受けたのは、日本で3校目ですし、国連世界観光機関（ＵＮＷＴＯ）の観光学教育の国際認証「TedQual」を受けたのは2校目です。教員と学生の約半分が外国籍で、しかも講義のほとんどを英語と日本語の2言語で行っています。

そういう意味では、教員も学生も、大学で進められている研究も、国際化という点では最先端を歩んでいると思います。その結果、イギリスのグローバル高等教育評価機関であるクアクアレリ・シモンズ社（Quacquarelli Symonds、QS）の世界ランキング2018：アジア地域編の評価の中でも国際性（「国外からの教員比率」「留学生比率」）の点では、日本で唯一の満点を取っています。

また、英国の高等教育専門誌「タイムズ・ハイヤー・エデュケーション」（THE）による世界大学ランキング日本版2018では、APUは西日本の私大でナンバー1、全国の私大でもはじめてトップ5入りを果たしました（慶應、早稲田、上智、国際基督教に次ぐ5位。なお日本は、東京大学、京都大学などの国立大学が強いので、総合順位は全国21位）。

僕はAPUを性別、年齢、国籍などを全部ブラインドにして、自由にやりたいことにチャレンジできる場所にしたいと思っていますし、APUは実際にそれを実現できる環境にあります。

APUの牧田正裕教授（国際経営学部教授・社会連携部長）は、「APUでは、多様性・

多文化環境の中で、『他者を介して物事を理解する』ことが普通にビルトインされている」と話しています。

「APUは、学びの中に常に他者がいます。授業の中でグループワークやディスカッションをさせると、他者との違いを意識せざるを得ません。世界約90ヵ国から学生が集まっているので、『自分と考え方や思考回路が違う』のが当たり前の環境です。

日本人同士の場合、同質性の高いコミュニティであり、『こう言えば、こういう返事が返ってくる』と予想できるため、ディスカッションというより、単なる確認で終わってしまいがちです。けれど、APUではそれがないので、自分を相対化する（自分の判断が必ずしも正しいとはかぎらないということを自覚する）ことができます。

『自分は何を思っているのか』『自分の意見は何なのか』を伝える一方で、『相手は何を思っているのか』『相手の意見は何なのか』を聞く必要があるので、APUには、聞き上手と話し上手が多いと思います」（牧田正裕）

「清家ゼミ」の学生が自発的に勉強する理由

大学における生産性＝学生の成長度（入学してから卒業するまでの学生の成長度）だとするならば、ＡＰＵの清家久美教授（アジア太平洋学部教授・学生部長）の教え子たちは、非常に生産性が高いといえます。

清家教授が指導する「清家ゼミ」は「大変なゼミ」「よく勉強するゼミ」として知られています。清家教授は大学の目的と、ゼミの目的を次のように考えています。

「大学とは本来、学問を追究する場です。自分の知的感動を手探りにたてられた自分自身の研究テーマに、貪欲に、妥協することなく追究し、研究し続ける場がそもそもの大学です。社会学者の見田宗介《みたむねすけ》氏が言うように、自分にとって切実な問題を手放すことなくさらに追求し続けること、『本当に自分にとって大切な問題をまっすぐに追求し続けることは、それ自体がどこまでもワクワクとする、充実した年月なのであり』、その遂行が卒論執筆なのです。胸を張って発表できる卒論を書き上げることが、清家ゼミの最大の目的だと考えています。

ちなみに、卒論執筆は、知的な存在としての人間が自らの価値観を見出す作業であり、また自分が何にもっとも関心を持っているのか、どのように生きていきたいと思っているのか、という根源的な問いに答えることにつながっていく作業にもなります。

何をテーマにして問いを掘り下げるかは、学生一人ひとりが自分自身で考えます。ルーマン研究・ニーチェ研究などの理論研究から、生命倫理／脳死、少年犯罪、ひきこもり／不登校、食の問題、反原発運動、障害者の問題、環境問題、女性の社会進出、教育問題、宗教研究、地域づくり、自己とアイデンティティまで、社会の問題を何でも取り扱うことができます。ゼミでは、常に発表・議論を繰り返していて、卒業するまでに論文を発表する機会が、数十回に上ることもあります」（清家久美、以下同）

清家教授は、このような卒論の目的を加味して、学生指導する際に次の「4つ」に気をつけています。

①放っておく

「清家ゼミの学生たちは、本当によく勉強をします。しかも、勝手に勉強をする。終バスの時間まで徹底して議論し、初期の学生たちはそれでも語り足りなくて、居酒屋に場所を移して、朝までお酒を飲みながら、侃侃《かんかん》諤諤《がくがく》と意見を戦わせる学生がたくさんいました

(笑)。もちろん教員の指導は必要ですが、本当に追究したいおもしろいと思っていることは、自律的にしかつかむことができない、したがって放っておかないと自律性が保証できないため、指導する側は、『いかに自由にやってもらいながら(放っておきながら)、手をかけるか』を考えることが大切だと思っています」

②「自分は何をおもしろいと感じるのか」を徹底して考えさせる

「清家ゼミでは、学問を通して『自分は、何に対しておもしろいと感じるのか』を徹底して考えてもらいます。『おもしろい』と思えることは、その人そのもののもっとも大切な価値観であり、おもしろいことならば続けることができるし、自立的に学べるからです。

自分が知りたいと思うテーマを追究する中で、勉強すること、学問することの感動やおもしろさに気づき、『勉強しなくちゃいけない』という義務感から、『知りたくてたまらない』という自発へと変わっていきます。

成長する学生は、目的的(特定の目標への到達を目指してそれに向かって行われる行動)ではありません。目的的だと、目的を達成した時点で、モチベーションが低下してしまいます。ですが、自分が『おもしろい』と思うことであれば、モチベーションを持続できます。一生のテーマになる可能性を念頭に入れています」

③2択の選択肢から「3択目」を生み出す力を育てる

「清家ゼミでは、『無駄に見えること、役に立たないように思えることに大切な価値があると考えること』『長いスパンで見る力を身につけること』『合理性だけでものを考えないこと』を意識しています。

現代の人々は、合理性の中で生きています。資本主義社会は無駄を嫌い、できるだけ合理的に事を進めることが価値だと考えています。『役に立つもののみに価値がある』という考え方では、本質を見逃してしまうために表面的になり、創造を生み出しません。また、合理性には目的が必要なので、常に短いスパンで目的をたて、それを達成することのみに価値があるような感覚で生きてしまいます。しかし、勉強や研究の世界においては、目的的思考だけで進めると、やはり本質を見逃してしまいます。現在の社会の自明な価値を超えなければ新しい創造は実現しませんし、さらに長いスパンで物事をとらえるものの見方や、巨視的な見方も身につきません。つまり、(すぐに)『役に立つ』『役に立たない』という2択の考え方から脱却して、長いスパンで物事を見ることを意識してもらっています」

④ジェネラリストよりもスペシャリスト

「ＡＰＵ生は、どちらかといえば、ジェネラリストよりもスペシャリスト向きです。何かひとつ長けたものを身につけると、それに呼応して、今まで不得意だったことも少しずつ引き上げられる気がします。

広く浅く学ばせるよりも、自分が『おもしろい』と思ったテーマに対して、一点突破するほうが伸びていきます」

第5章

明るく楽しい職場をつくる「コミュニケーションの技術」

部下を叱るときの3原則

「怒る人間はみんなバカである」

僕はものすごく気が短いので、若いころはしょっちゅう怒っていましたが（笑）、現在は、さすがに頭ごなしに叱ったり、怒ったりすることはありません。これが歳を重ねたということでしょうか。

もちろん、部下にとっては、「上司の存在が労働条件のすべて」ですから、上司はいつも機嫌がいいほうが、組織はうまくいくに決まっています。

以前、口の悪い僕の友人が、「怒る人間はみんなバカである」ことを数字、ファクト、ロジックを使って論証したことがあります。彼の理屈は、こうです。

●人間は、必ず「①」か「②」のどちらかに入る。

①意欲があってそこそこ賢い人

……相手が「意欲があってそこそこ賢い人」の場合は、怒る必要がない。なぜなら、「ここがよくないね」と指摘さえすれば、あとは自力で矯正できるから。

②意欲もなく、賢くもない人

……相手が「意欲もなく、賢くもない人」の場合も、怒ってはいけない。なぜなら、怒られている理由を理解できず、怒られている事実だけを恨みに思うから。

↓

●相手が①の場合も、②の場合も、「怒る」という行為は、相手をポジティブに動かすことがない。

↓

●ゆえに、「怒る人間は、みんなバカである」。

人間は感情の動物ですから、感情が表に出るのはしかたがない。怒ってはいけないと頭でわかっていても、ときには怒ってしまうこともあるでしょう。

一方で、人間は叱られるのが嫌な動物でもあるわけですから、マネジメントをする側に立ったら、怒りをコントロールする必要があると思います。

部下が10人いれば10人とも、個性や知識、スキルが異なるため、本来はそれぞれに応じた叱り方が必要ですが、原則的に、僕は次の３つを守るようにしています。

①3回褒めて、1回叱る

アメリカの心理学者、マーシャル・ロサダは、「ポジティブな感情とネガティブな感情がおよそ３：１以上の比率になっていると、人は意欲的に働く」という研究結果を発表しています（理想的な職場では、６：１）。この法則を「ロサダの法則」といいます。

つまり、**1回叱ったら3回以上褒める**ことが必要で、それ以上叱ってしまうと、人は自信を失ってしまいます。

「ロサダの法則」を方法論的に疑問視する意見もあるようですが、僕はこの法則に基づいて、「一度叱るなら、最低でもその前後に3回はにっこり笑ったり、声を掛けたり、褒めなきゃあかんな」と考えています。

叱る回数よりも褒める回数が多いほうが、まちがいなく、部下は成長します。

②1対1で叱る

人間はプライドが高い動物ですから、**叱るときは、個室で1対1が基本**です。

ただし、組織全体に共通する注意を促したい場合は、例外的に、みんなの前で叱ることもあります。ひとりを叱ることによって、全体を叱るのです。

このときは、当人に「みんなの前で叱るけれど、それは、有能なキミを叱ることで組織を引き締めるためだ。なので、我慢してほしい」と事前に丁寧に説明しておくと、部下を必要以上に傷つけることはありません。

③具体的に叱る

「そんなこともできないのか！」と感情的に怒りをぶつけてはいけません。「なぜ、キミを叱るのか」「どこがダメだったのか」を**数字**、**ファクト**、**ロジック**で具体的に説明すると相手も納得しやすくなります。

仕事のイノベーションの真髄は、「楽しい」という感情が原点

リーダーは3つの鏡を持たなければいけない

僕は、中国の古典『貞観政要《じょうがんせいよう》』（唐の太宗・李世民の言行録）で述べられている、「三鏡《さんきょう》」を座右の銘のひとつにしています。

三鏡とは、「リーダーは3つの鏡を持たなければいけない」という教えです。

①銅の鏡（本当の鏡。当時は銅鏡でした）

鏡をポケットに入れておけば、自分の顔や姿を映して、**元気で、明るく、楽しい表情をしているかどうかを常にチェック**できます。カッとなったり、腹が立ったりしたら、鏡で

自分の顔を見る。上に立つ人間は、いつも元気で、明るく、楽しい表情をしていなければならないし、それができない人は、そもそも上司になってはいけないという考え方です。

②歴史の鏡

歴史を鏡にすれば、世の中の興亡盛衰《こうぼうせいすい》を知ることができます。人間は、悲しいことに**過去の出来事（歴史）以外に将来を予測する教材を持ち合わせていません。**将来、過去と同じことが起こるとはかぎりませんが、似たような出来事に見舞われたとき、歴史を学んでいれば、上手に対応することができます。たとえば、恋人とデートをして最初は失敗したとしても、何回か経験を重ねるうちにうまく相手をエスコートできるようになる。これも歴史（過去の教訓）から学ぶことのひとつです。

③人の鏡

人を鏡とすれば、その**人を手本として、自分の行いを正す**ことができます。上司は、「あなたはまちがっている」と直言《ちょくげん》してくれる人をそばに置く必要があります。直言してくれる部下がいなければ、上司は、自分の本当の姿を見ることができません。

人間は、不愉快なことを聞きたくはありません。でも、不愉快なことを言ってくれる人を遠ざけていたら、それこそ「裸の王様」になってしまいます。

上司が、元気で、明るく、楽しそうにしていたら、職場は楽しくなります。職場が楽しくなると、皆が頑張ります。僕は管理者になってから、**リーダーのもっとも重要な役目は、「スタッフにとって、元気で、明るく、楽しい職場をつくること」**だと考えてきました。

僕がこう思うようになったのは、太宗の考えに共感したからです。三鏡の話を読んでからは、部下の前ではできるだけ、不愉快な顔を見せないよう心がけています。

部下は、いつも上司の表情を見ています。部下は、上司の言動に影響されます。上司の振る舞いが、部下の振る舞いを決めると言ってもいいでしょう。

上司はいつも鏡を見て、元気で、明るく、楽しい表情を見せることを心がけるべきです。上に立つ人が、元気で、明るく、楽しそうに仕事をしていれば、下の人も、元気で、明るく、楽しく仕事に励みます。

「元気に、明るく、楽しく」が仕事のすべてです。**生産性を上げる一番の起爆剤は、「楽しい」あるいは「おもしろい」という感情**です。楽しければ、みんなが「もっと楽しくしよう」とか、「もっとおもしろくしよう」と考えるでしょう。

楽しくおもしろくする工夫を別の言葉に言い換えると4Psです。

①Project

どんな仕事でも目的があるはず。つまり仕事はすべてプロジェクトです。

②Passion

どんな仕事でも「やる気」は不可欠です。

③Peer

ひとりでできる仕事はどこにもありません。あらゆる仕事はチーム、つまり仲間（Peer）と助け合って行うものです。

④Play

遊び心です。真面目で一所懸命だけでは長続きはしません。冗談を言ったり多少はふざけてみたり、つまり「楽しく」「おもしろく」なければ、仕事は長続きしないのです。

好き嫌いがあるのは当たり前

人間は感情の動物ですから、部下は「上司が自分のことを好きか、嫌いか」を見抜いています。以前、講演会で100人ほどいた参加者に、次のような質問をしました。

「上司は、努めて部下の好き嫌いを表に出さないようにしています。ですが、『今の上司は、私のことが好き』『今の上司は、私のことが嫌い』ということが皆さんにはなんとなくわかるのではありませんか？　**上司が自分のことをどう思っているか、わかる人は手を挙げてください**」

すると、**100人全員が「わかる」と手を挙げました**。隠そうとしても、上司の感情は、部下に筒抜けになっています。つまり、「好き嫌いを100％隠すことはできない」ということです。

僕も、好き嫌いの激しい人間です。ですが、そうした感情とは別に、好きな部下でも、嫌いな部下でも、分け隔てなく公平平等に接するように心がけてきました。

アメリカの研究では、**「好き嫌いが見えるリーダー」に対して、部下が不満を持つことはさほどない**という結果が出ています。

では、**上司に不満を持つのはどういうときかというと、上司に対して不公平感を覚えたとき**です。

「上司は、Aさんが好きだから1時間も面談をしている。けれど私のことは好きではないから30分で切り上げられてしまった」といったように、アンフェアに扱われると部下は心底怒り、不愉快だと感じるのです。

したがって、**問題の本質は好き嫌いではなく、「フェアか、アンフェアか」**ということにあるのです。

人生で一番大切なことは「正直」であること

表面を取り繕う人生は、楽しくない

先般、ある人と対談したとき、

「人生の中で大切にされていることは何ですか?」

という質問を受けました。僕は、

「それは、『正直』であることです」

と答えました。


正直さとは、**「他人が見ているか、見ていないかで、自分の考えや行動を変えない姿勢」**

のことです。還暦で生命保険会社を開業するとき、「ライフネット生命」という社名が決まるまでにはいくつかの案が出たのですが、僕の案は、「真っ正直生命」でした。ライフネット生命のマニフェストに「正直」という言葉を最初に持ってきたのは、（「正直に、わかりやすく、安くて、便利に」という）僕の信条のあらわれだったのです。

「正直でいよう」と思ったのは、あるささいな出来事がきっかけです。

僕が「29歳」のときでした。関西から転勤ではじめて上京したばかりの僕は、会社の先輩から「おまえは銀座に行ったことがないだろう。今日はおまえの歓迎会だから、連れて行ってやる」と誘われて、銀座の小さなスナックに行きました。

スナックにはとてもキレイな女性がいて、ビールを注いでくれました。その女性から、「お見かけしたことはありませんね。お若く見えますが、おいくつですか？」と聞かれた僕は、「29歳です」と正直に答えることができず、つい見栄を張って、「27歳です」と答えてしまいました。

すると、彼女から「干支は何ですか？」と聞かれ、僕はたちまち答えに詰まってしまいました。

僕はこのときの体験から、「見栄を張って嘘をつくと、のちのち大変になる」ことを身をもって学んだのです。

それ以来、いつでも正直に、自分の感情に素直に、本当に思っていることだけを話そうと心に決めています。


「Aさんにはこれ、Bさんにはこれ」と人によって、あるいはその場の雰囲気によって、発言内容を変える人がいます。たしかにその場は丸く収まるかもしれません。

ですが、それでは「誰に、何を、どのように語ったのか」を全部覚えておかなければ、やがて辻褄が合わなくなってしまいます。

一方で、いつも自分に正直に、思ったことだけを話していれば、何を聞かれても言葉に詰まることはありません。仮に、「出口さん、5年前と言っていることが違いますよ」と指摘されたとしても、

「5年前はたしかにそう話したと思います。ですが、3年前にこれこれ、こういうデータを見てから、それ以降は意見を変えたのです」

と説明すればいいからです。

「正直さ」を重視しない日本企業

アメリカのPR会社、エデルマンが2016年にまとめた調査によると、経営層に求められる資質でもっとも多かった項目は、アメリカとヨーロッパでは**「正直であること」**でした。アメリカでは59%、ヨーロッパでも53%の人が「正直さ」を1位にしています。ところが日本では、「正直さ」は「26%」にとどまっていて、5位でした。1位になったのは**「決断力」**の55%です。

たしかに、リーダーに決断力は必要です。しかし、リーダーの資質としてもっとも大切なものは、決断力よりも「正直さ」だと思います。正直で裏表のないリーダーなら、ハシゴを外されることはまずないので、みんなが安心してついていくことができます。

加えて、アメリカやヨーロッパなど、グローバル化が進んでいる社会では、「情報公開」が常識ですから、経営者は正直でなければすぐに整合性がとれなくなってしまい、信頼を失います。

ところが、情報公開が不十分な社会では、「露見しなければ大丈夫」といった負のインセンティブがまん延し、結果として正直さが重要だとはみなされなくなります。日本企業で粉飾決算のようなことが次々と起こるのは、正直さをないがしろにしているからではないでしょうか。

自分の考えを正直に表明したほうが、心がラクになる

相手が誰であれ、「そのときに思ったこと」を正直に伝える

大学時代の僕は、「弁護士になろう」と思っていたので、就職活動にはまったく興味がありませんでした。

しかし、一緒に弁護士を目指していた友人から、「念のため、すべり止めにどこかの企業を受けておこう」と誘われ、京阪電車に乗って大阪に向かいました。

「淀屋橋駅」に着くと、駅の真上に日本生命の本社がありました。友人が、「この会社も大学生をたくさん採用しているで」と言うので、軽い気持ちで立ち寄ってみたのです。

長髪、セーター、ジーパンというラフな格好で突然訪問したにもかかわらず、追い返さ

れることはありませんでした。対応してくださった採用担当者に、「何で来られたのですか？」と尋ねられたので、僕たちはそのときの気持ちを正直に伝えました。

「2人とも将来は弁護士になりますが、司法試験に落ちた場合に備え、どこかすべり止めを見つけるために大阪に来ました。でも、司法試験に合格するつもりなので、内定をもらっても就職するつもりはありません」

そんな僕たちに、採用担当者は、「わかりました。では万が一司法試験に落ちたら、2人ともうちで引き受けます」と言ってくれたのです。

今から考えると、若気の至りそのもの。ずいぶん無礼で、生意気な学生だったと思います。ですが、正直に打ち明けてよかったと思います。自分の考えを正直に表明すると、反感を買うことも、もちろんあるでしょう。でも僕は、相手が誰であれ、**「そのときに思ったこと」を正直に伝えるようにしています。そのほうが、心がラクになる**からです。

「上司がAと言ったから、自分もAと言おう」とゴマをすることも、「上司に合わせて自分の意見を変えるのは、弱虫のすることではないか」と葛藤することもありません。人に合わせて話すことを変えると、本心と行動にギャップが生じて、結局のところ、自分自身が苦しむことになります。

自分が「正しい」と思うのであれば、人にどう思われても気にせず、正直に口に出したほうがいいと思います。

来る者は拒まず、去る人は追わず

「自分を出すのが怖い」「自分を出すのは恥ずかしい」などの理由で、自分の思いを正直に口にできない人がいます。

けれど仮に、表面的な言葉でその場を取り繕っても、見る人が見ればすぐにわかってしまうものです。だとしたら、最初から自分を素直に出したほうがいいと思います。

僕は「人間はそれほど賢くない」「人間はちょぼちょぼである」という前提を受け入れているので、自分をよく見せようと思うことはまずありません。フランスの作家ロマン・ロランも、著書『ミケランジェロの生涯』（岩波書店）の中で、

「世界に真の勇気はただひとつしかない。世界をあるがままに見ることである。そうしてそれを愛することである」

と述べています。

僕の人間関係の基本は、「来る者は拒まず、去る者は追わず」です。「来る者」は、ありのままの僕に興味を持って、おもしろいと思って来てくださるのですから、大切にすればいい。

「去る者」は、ありのままの僕に興味を失い、おもしろくないと思って去っていくので、僕に責任があります。だから追いかけても無駄です。

僕にできることは、自分に正直に、「一期一会」を大切にすることだけです。

人脈は「つくる」ものではなく、結果的に「できる」もの

会いたいと言われたら、決して断らない

僕はよく、「出口さんのように幅の広い人脈を持つには、どうしたらいいですか？」という質問を受けます。

僕は、人脈をつくろうなどと思ったことは一度もありません。なぜなら、**人脈は「結果」**に過ぎないからです。

「来る者は拒まず、去る者は追わず」で、たくさんの人と会って、ご飯を食べていれば、その中からひとりぐらいは、偉くなる人も出てきます。

そこで結果的に人脈ができるわけで、最初から「この人は偉くなりそうだから付き合お

う」というさもしい気持ちで人と付き合っても、思い通りになるはずがありません。

たとえば、僕と第75代アメリカ合衆国財務長官のティモシー・フランツ・ガイトナーさんとの縁は、彼が駐日米国大使館にいたときにはじまります。僕が日本生命の課長だったときです。

80年代の終わりごろだったと思いますが、米国大使館に勤務していたガイトナーさんは、日本の生命保険会社の外債投資に興味を抱き、「為替リスクがあるのに、どうしてこんなに米国債を買うのか理解できない。いつまで買い続けるのか、生命保険会社の経営者か、投資担当の役員に聞いてみたいので人を紹介してほしい」と大蔵省（当時）に頼んだらしいのですが、誰もが「自分の会社のことは話せても、業界全体のことなど話せない」と尻込みをしました。そこで、生命保険協会のスポークスマンをしていた僕にお鉢が回ってきたわけです。

僕は、**「会いたいと言われたら、決して断らない」のが主義**でしたから、ガイトナーさんに会いに行きました。彼は僕よりも13歳も年下ですが、波長が合って、何度も会うようになったのです。彼にカラオケを教えたのは僕です。当時、ガイトナーさんが米国の財務長官になるなんて、誰も思っていなかったでしょう。僕がガイトナーさんと親しくなれたのは、**「損得」で人と付き合うことがなかったから**です。

偶然の出会いを大切にする

僕は、川の流れのように流れていく人生が一番素晴らしいと思っています。10年先のことなど、誰にもわからない。だから、キャリアアップの詳しい設計図を考えたりせず、自分がそのときにやりたいと思ったことを一所懸命やっていけばいい。人間の99％は、偶然で選んだ仕事のままで一生を終えるのです。

ＡＰＵの今村正治副学長も、偶然の出会いを大切にしています。

「先日、『出口さんとは気が合うんだよな〜』と思うことがあったんです。『偶然の出会いを大切にしている』という点で、私と出口さんは似ている気がします。私は用意周到なタイプではなく、とりあえず動いて、行動をしながらアイデアを生み出していくタイプです。だから、どんどん新しい場所に行き、新しい人に会うようにしています。そして、出会った人がおもしろければ、一緒に仕事をする。『この人と会っておいたほうが得だ』と、損得で人脈をつくることはありません。

この間、ある人が出口さんに、『どういう志で学長になられたのですか』と質問をしたら、出口さんは『偶然です』と答えていました（笑）。『私の人生は川の流れのようなものです。志を立ててどうこう、ということはないんです。歴史の人物もそうです』と……。『人間は、偶然の出会いを繰り返しながら、人生を構築していく生き物である』ことを出口さんはよく理解されているのだと思います」（今村正治）

人脈は、飲んだ回数に比例する

僕が書く本では、

「読者の皆さんの忌憚のないご意見をお待ちしています。宛先：hal.deguchi.d@gmail.com」

と個人のメールアドレスを公開していますし、講演会でも、「わからない点、質問したい点があれば、気軽に連絡をください」と言っているので、読者や講演の参加者から、メールやメッセージをいただくことがよくあります（毎日、数通ぐらいは連絡をいただいています）。

ある講演会の質疑応答の時間に、男子学生から「本が読めないのですが、どうしたらいいですか？」という相談を受けたので、

「ガールフレンドのところに行って、『月に1冊本が読めなかったら、僕を捨ててくれ』と言ったらどうですか？」

とアドバイスしたのですが、彼は、「ガールフレンドがいない」と言う。そこで、

「じゃあ、月に一度でいいから、僕（出口）にメールで本の感想を送ってください」

と言ったところ、それから彼は、毎月、メールを送ってくるようになりました。僕は彼のメールに目を通して、「ありがとうございます。おもしろかったです」「来月もまた待っています」などと返信しています。

僕は、前述したように、**「人生は何事も一期一会」**だと思っていますから、寄せられた質問や感想には、すべて返信するように心がけています。

おもしろい質問や興味深いコメントが来て、おもしろいやり取りができると、「この人に会ってみたい」と思うようになります。そういう人には、「この日、飲みませんか」と声をかける。偶然の出会いの中から、肩肘張らずにお付き合いする機会が生まれてくるのです。

僕は、29歳で東京に出て来てから、「声が掛かるお座敷は全部受けよう」と考えて、その通りやってきました。ですから、「人脈は、飲んだ回数に比例する」と考えてもいいかもしれません。

もちろん僕は、一度も「人脈をつくろう」などと思って飲んだことはありません。人脈はつくるものではなく、たくさんの人と会うことで、結果的に「でき上がる」ものだからです。

人生はたくさんの人と会い、たくさんの本を読み、たくさん旅を重ねることで、「結果的に」豊かになる。そう思います。

おわりに

「プライベートを削ってでも、仕事に集中しろ」は根本からまちがっている

経営者の僕がこんなことを言うと叱られてしまうかもしれませんが、僕があえて言いたいのは、人間にとって、

「仕事はどうでもいいもの」

だということです。

1年間を通して僕たちが仕事に費やしている時間は、残業を入れたとして、約2000時間です。

1年は何時間あるかというと、「1日24時間×365日＝8760時間」です。ということは、僕たちが仕事に費やしている時間の割合は、「8760分の2000」になり、わずか2～3割に過ぎません。

仕事以外の7～8割の時間は、食べて、寝て、子育てをして、遊んでいるわけですから、極論すれば、「仕事はどうでもいいもの」だと僕は考えています。この割合を見れば、自分の人生にとって、どちらが重要なのかは一目瞭然です。

「若いときの長時間労働は、自分を鍛えるために意味がある」という意見があります。「石の上にも3年」という言葉があるように、新しい仕事に就いたときなどは仕事に打ち込むことは、たしかに意味がある。若いときにかぎらず、人生には「踏ん張りどころ」があるので、ひたすら必死に仕事に打ち込む時期があってもいいと思います。

しかしそれは、上司や先輩が強いるものではなく、自発的な行為であるべきです。

日本人の価値観や人生観は、職場や仕事に偏りすぎている気がします。努力と根性と我慢を評価するのは、時代錯誤もいいところで、根拠なき不毛な精神論です。努力も、根性も、我慢も、かつての日本の文脈ならいざ知らず、これからの新しい時代では何ひとつ人生の糧にはならないような気がしています。

「努力すれば必ず報われる」は嘘です。どれほど努力をしても、人間にできないことはいくらでもあります。

どれだけ根性があっても、睡眠と食事を十分に取っていなければ、健康が損なわれてしまいます。本当にやりたいことや好きなことがあれば、我慢もできるでしょう。けれど、好きでもない仕事を我慢し続けることはできません。フラストレーションが溜まって心が病んでしまいます。

先日、東京駅を歩いていたら、「名刺をください」と声をかけられたので、「どうして？」と聞くと、上司に「名刺を100枚もらうまで帰ってくるな」と言われたそうです。「名刺を100枚もらうまで帰社できない」といった研修はパワハラそのものであり、何の合理的根拠もありません。悪しき根性論の典型だと思います。

「努力」や「根性」、「我慢」という言葉は、好きなことに一所懸命打ち込んでいるとき、得意なことを伸ばしているとき、やりたいことにチャレンジするときに、「こんなにおもしろい仕事を任されたのだから、もっと努力しよう」「こんなに大きい仕事を任されたのだから、ここはひとつ根性を出して頑張ろう」「好きな仕事をしているのだから、すぐに結果が出なくても我慢しよう」と本人が自然に思うものであって、決して上司から強要されるものではないと思います。

「定時で帰ろうとすると、上司から『もう帰るのか』と言われて、帰りにくくなる」と感じている新人社員に、僕は以前、こうアドバイスしました。

「ひとりで帰ろうとするから、嫌味を言われるのです。同期全員で一斉に帰るようにしたらどうですか」

10年にわたってベンチャー企業を経営してきた結果として、僕は、

「3割のワーク（仕事）に集中し、7割のライフ（人生）を充実して過ごす社員が多ければ多いほど、企業は成長していく」

と実感しています。

ライフワークバランス（「ライフ」が先に来るべきです）と企業の成長は決して対立しません。プライベートな時間を削ってでも、仕事に集中しろという考え方は、高度成長期の長時間労働が生産性向上に直結した工場モデルの概念を単に引きずっているだけです。上司や同僚から評価されなくても、自分が「正しい」「楽しい」と信じたことをやり抜けばい

い。知的生産性を高めるために、そして何より人生を楽しくするためにも、今もなお続いている「仕事命」「会社命」という古い価値観は根本から見直したほうがいいと思います。

最後になりましたが、編集の労をとっていただいた日本実業出版社の岩崎麻衣さん、ライターの藤吉豊さんに心から感謝を申し上げます。

拙い本ですが、最後まで読んでいただいて本当にありがとうございました。

●ＡＰＵ公式ＨＰ…………http://www.apu.ac.jp/home/
●フェイスブック…………https://www.facebook.com/haruaki.deguchi
●ツイッター……………https://twitter.com/p_hal

２０１９年　２月

立命館アジア太平洋大学（ＡＰＵ）学長　出口《で》口《ぐち》治《はる》明《あき》

出口治明（でぐち　はるあき）
立命館アジア太平洋大学（APU）学長。ライフネット生命創業者。
1948年、三重県生まれ。京都大学法学部卒。1972年、日本生命入社。ロンドン現地法人社長、国際業務部長などを経て2006年に退職。同年、ネットライフ企画（株）を設立し、代表取締役社長に就任。2008年４月、生命保険業免許取得にともないライフネット生命に社名変更。2012年上場。2018年１月より現職。
著書に『部下を持ったら必ず読む「任せ方」の教科書』（KADOKAWA）、『世界史の10人』（文藝春秋）、『「働き方」の教科書』『「全世界史」講義Ⅰ 古代・中世編』『「全世界史」講義Ⅱ 近世・近現代編』（以上、新潮社）、『教養は児童書で学べ』（光文社）、『人類5000年史Ⅰ 紀元前の世界』『人類5000年史Ⅱ 紀元元年～1000年』（筑摩書房）、『早く正しく決める技術』（日本実業出版社）などがある。

知的生産術《ちてきせいさんじゅつ》

2019年２月20日　初版発行
2019年３月20日　第３刷発行

著　者　出口治明 ©H.Deguchi 2019
発行者　吉田啓二

発行所　株式会社日本実業出版社　東京都新宿区市谷本村町３−29 〒162-0845
大阪市北区西天満６−８−１ 〒530-0047
編集部　☎03-3268-5651
営業部　☎03-3268-5161　振　替　00170−1−25349
https://www.njg.co.jp/

印　刷／堀内印刷　製　本／若林製本

この本の内容についてのお問合せは、書面かFAX（03−3268−0832）にてお願い致します。
落丁・乱丁本は、送料小社負担にて、お取り替え致します。

ISBN 978-4-534-05668-9　Printed in JAPAN